LES

VACANCES D'UN MÉDECIN

1887

Constantinople. — Asie Mineure. — Grèce. Italie.

Lucie

OUVRAGES DU MÊME AUTEUR

Leçons cliniques sur les maladies de la peau. 1 vol. in-8 de 700 pages.. 8 fr.

Nouvelles leçons cliniques sur les maladies de la peau. 1 vol. in-8 de 826 pages.................. . . 10 fr.

Nosographie et thérapeutique des maladies de la peau. 1 vol. in-8 de 359 pages........................ 6 fr.

Traité pratique des maladies de la peau, diagnostic et traitement. 1 vol. in-8 de 392 pages................... 6 fr.

Traité clinique et pratique des maladies des femmes. 1 vol. in-8 de 440 pages............................. 6 fr.

Les Vacances d'un médecin (1re série) : les Pyrénées; les Alpes; Constantinople; l'Italie; la Bretagne; la Suisse; la Belgique; le Dauphiné; la Grande-Chartreuse.............. 3 fr.

Les Vacances d'un médecin (2e série) : un mois au delà des Alpes; l'Italie; la Sicile.............................. 2 fr.

Les Vacances d'un médecin (3e série) : la Suisse; le tour du Mont-Blanc; le grand Saint-Bernard; Jolimont; Viélaines. 3 fr.

Les Vacances d'un médecin (4e série) : l'Allemagne; la Russie; la Tartarie; le Volga; la Pologne; Vienne; Strasbourg.. 3 fr.

Les Vacances d'un médecin (5e série) : Danemark; Suède; Norwège; Laponie..................................... 3 fr.

Les Vacances d'un médecin (6e série) : la Moselle; le Rhin; l'Elbe, le Danube; l'Adriatique; le Tyrol................ 3 fr.

Les Vacances d'un médecin (7e série) : l'Espagne; le Portugal.. 3 fr.

8906-87. — Corbeil. Imprimerie Crété

LES VACANCES
D'UN MÉDECIN

PAR

M. LE Dr E. GUIBOUT
EX-MÉDECIN DE L'HOPITAL SAINT-LOUIS
MÉDECIN HONORAIRE DES HOPITAUX DE PARIS
CHEVALIER DE LA LÉGION D'HONNEUR, ETC.

HUITIÈME SÉRIE
1887

Constantinople — Asie Mineure — Grèce
Italie

—

Lucie

—

PARIS
G. MASSON, ÉDITEUR
LIBRAIRE DE L'ACADÉMIE DE MÉDECINE
120, Boulevard Saint-Germain, en face de l'École de Médecine

M DCCC LXXXVIII

A

MA CHÈRE PAULINE

Comment ne pas écrire votre nom à la première page de ce livre, récit fidèle d'un long voyage qui vous doit son plus grand charme, et dont vous avez accepté tous les incidents et toutes les fatigues de terre et de mer, avec une vaillance et un entrain qui ne se sont jamais démentis ?

E. GUIBOUT

APERÇU GÉNÉRAL

APERÇU GÉNÉRAL

Ce voyage est le plus grand, le plus complet, le plus intéressant de tous nos voyages. Nous avons vu ce qu'il y a de plus beau dans notre hémisphère, et sans doute dans le monde entier : *Constantinople*, *Athènes*, *Rome :* Sainte-Sophie, le Parthénon, Saint-Pierre : le Bosphore, la Corne-d'Or, le golfe de Naples !...

Nous avons visité les deux villes principales de l'Asie Mineure, *Brousse* et *Smyrne; Brousse* mollement assise, au milieu des fleurs et des jardins, sous les épais ombrages d'une prodigieuse végétation, à la base du mont *Olympe de Bithynie*, dont les sommets neigeux lui versent en abondance des eaux toujours limpides et murmurantes ; *Smyrne*, toute palpitante encore des souvenirs sacrés de l'apôtre saint Jean l'Évangéliste, et de son illustre évêque-martyr, saint Polycarpe ; ses rues, sillonnées par de longues files de chameaux, sont le point de départ et d'arrivée des plus pittoresques caravanes. Nous avons traversé les mers de l'Archipel, abordé à *Mételin*, l'antique *Lesbos*, et à *Corfou*, l'ancienne *Corcyre*, voisine des côtes de l'Albanie, et la plus importante des *îles Ioniennes;* ses routes bordées de lauriers roses, d'aloës et de cactus; ses jardins, ses campagnes plantés de gigantesques eucalyptus, de palmiers, de myrtes, d'orangers, de vignes, dont les rameaux flexibles s'aventurent d'arbre en arbre, et se balancent gracieusement de tous côtés dans l'espace, sont comme un paradis terrestre, que baignent les eaux bleues de l'Adriatique.

Dans tous ces pays divers, quelles impressions diverses aussi, saisissantes, inattendues! quels contrastes! quelle variété d'incidents!

A Constantinople, le vendredi, c'est le Sultan, le *Père des Croyants*, et la Sultane Validé, qui se rendent à la mosquée, avec une pompe tout orientale; l'armée entière est sur pied; voici un régiment de soldats nègres; voici de noirs et corpulents eunuques, des pachas tout chamarrés d'or, des derviches à la démarche compassée, à l'air béat, des imams, des muftis, et le Cheik-ul-Islam, le chef suprême des Ulémas, aux longues robes brunes, vertes et jaunes, la tête couverte des blanches torsades de leurs énormes turbans. Voici enfin la voiture du *Grand Seigneur*, toutes les troupes le saluent, l'acclament de la même voix, et à un commandement donné, par trois formidables hourrahs, poussés de toute la force de leurs poumons, et qui retentissent au loin!

Le jeudi et le dimanche, dans ces mêmes rues de Constantinople, enguirlandées, cette fois, de fleurs et de feuillages, pavoisées de drapeaux où brille le croissant, et d'oriflammes qui flottent au vent, ce sont les processions solennelles du *Saint Sacrement;* elles se font jour, escortées par des soldats turcs, et défilent lentement, au milieu d'une foule immense de toutes les couleurs, de tous les costumes, de toutes les croyances, de toutes les nationalités, mais toujours respectueuse et sympathique; elles s'avancent précédées de croix et de bannières; en tête, marchent, sur deux lignes, les frères des écoles chrétiennes et les longues rangées de leurs élèves, puis les sœurs de charité, les religieuses de tous les ordres, conduisant des centaines de jeunes filles en blanc; viennent ensuite tous les vénérables religieux qui, eux aussi, sont les pionniers de la civilisation, et font connaître et aimer la France jusque dans les contrées les plus reculées de l'Orient, les dominicains, les bénédictins, les franciscains; ils sont suivis d'un nombreux clergé revêtu de riches ornements sacerdotaux; les accords éclatants de la musique alternent avec les chants sacrés, des reposoirs où scintille la lumière des cierges s'élèvent de place en place; des encensoirs répandent dans les airs les parfums et la fumée de l'encens; un évêque est sous le dais, qu'entoure un cordon de soldats, derrière lesquels se presse, toujours en bon ordre, une suite innombrable et recueillie.

Ces processions, ces pompes catholiques, si magnifiques et si imposantes, que la France, hélas! ne connaît plus guère, à 850 lieues de notre pays, à Constantinople, nous ont ému profondément, et plus que nous ne saurions le dire. Quelle leçon, quel exemple de libéralisme, de tolérance religieuse, et de respect de la liberté de conscience, bien comprise, donnés par le gouvernement du Grand Turc à la France républicaine!

A quelques jours de là, à *Brousse*, l'ancienne capitale de l'empire ottoman, l'un des centres du fanatisme musulman, la ville des fastueux tombeaux des plus illustres Sultans, de Mahomet Ier, d'Osman, d'Orkhan, fondateurs des Osmanlis, nous pouvions, sous l'égide et la protection du Cawas du consulat de France, pénétrer, le soir, dans la grande mosquée, brillamment illuminée, et y repaître nos yeux et nos oreilles des grandes cérémonies du Ramadan, si extraordinaires, si étranges, mais d'un accès si difficile, si dangereux, et que les chrétiens, trop souvent, payent de leur vie, témoin le dernier massacre de Salonique.

Quelques jours plus tard, à Rome, à la fête de saint Pierre, nous avions, grâce à la bienveillante recommandation de Son Excellence M. le comte Lefebvre de Béhaine, ambassadeur de France auprès du Saint-Siège, l'insigne faveur d'être admis, au Vatican, à la messe dite par le Pape, dans sa chapelle privée ; et après cette messe, un des plus beaux, un des plus émouvants épisodes de tout notre voyage, le Souverain Pontife, le Vicaire de Jésus-Christ, voulait bien nous recevoir en audience particulière ; à genoux devant sa personne sacrée, nous lui adressions la parole, et nous recueillions de sa bouche les plus précieux témoignages pour nos cœurs catholiques et français.

Au sortir du Vatican, nous entrions dans la basilique de Saint-Pierre, la plus vaste, la plus magnifique de toutes les églises de l'univers, et nous assistions, avec un enthousiasme que nous avions peine à contenir, au milieu de toute la population romaine, aux splendides offices de la fête du Prince des apôtres, la grande fête de Rome.

A *Athènes*, à *Éleusis*, nous retrouvions, représenté

par d'incomparables ruines, le grand siècle de Périclès et de Phidias. A *Rome*, à *Florence*, à *Milan*, les œuvres vivantes de Michel-Ange, de Raphaël, de Léonard de Vinci, du Dominiquin, du Bramante, pouvaient nous faire croire que nous étions encore au grand siècle de Léon X.

Au sortir de ces villes où sont réunies, en si grand nombre, les merveilles de l'art, dans sa plus haute acception et sous toutes ses formes, nous admirions la nature dans ce qu'elle a de plus enchanteur sur les rives du *lac Majeur*, des *lacs de Como* et de *Lugano*, et dans ses aspects les plus sauvages, les plus terrifiants et les plus grandioses, sur les cimes toujours glacées du *Saint-Gothard*.

Puis nous revoyions *Viélaines*, notre village, la maison paternelle, vide, hélas ! de tout ce que nous y avons aimé, *Saint-André*, nos chères tombes, *Savières*, *Troyes*, où de précieuses affections de famille et d'enfance nous ont fait, pendant deux jours, goûter les douces joies du cœur.

Tel est, en quelques phrases rapidement esquissées, le plan général et comme le canevas de ce grand voyage. Si maintenant vous désirez en connaître les détails, veuillez, chers lecteurs, comme les années précédentes, nous suivre d'étape en étape : serons-nous assez heureux pour vous faire passer quelques moments agréables ? — Nous n'osons le dire, mais ce que nous vous promettons c'est de ne jamais vous égarer dans les fallacieux mirages d'inventions romanesques ; nous vous raconterons les choses dans toute leur simplicité, comme nous les avons vues et appréciées.

L'ORIENT-EXPRESS

L'ORIENT-EXPRESS

Le dimanche 5 juin, à sept heures et demie du soir, nous montions en voiture, à la gare de l'Est, salués par M. et madame de Mauriac, madame Villaret et ses aimables enfants. Une demi-heure plus tard, près de Meaux, à la gare d'Esbly, d'autres bons amis, le docteur Passant et sa gracieuse famille, étaient descendus de leur charmante habitation des *Tilleuls*, à Coupvray, pour agiter leurs mouchoirs à notre passage. C'est à peine si nous avons pu distinguer leurs affectueux signaux, car nous passions comme le vent, comme un ouragan, comme un éclair, emportés à toute vapeur, par l'*Orient-Express*. Ce train est le comble de la rapidité : quand la voie ferrée arrivera jusqu'a Constantinople, les 850 lieues qui séparent Paris de la capitale de la Turquie seront franchies en soixante heures; pour le moment, il en faut quatre-vingt-quatre, la grande ligne ferrée s'arrêtant à *Giurgévo*, sur la rive gauche du Danube, en face de Routschouk.

L'Orient-Express est une véritable maison roulante, une habitation complète, pourvue de tous les détails, de toutes les exigences de la vie sociale; on y trouve chambres à coucher, à deux et à quatre lits, avec table, fenêtre, glace, divans; cabinets de toilette et autres, avec réservoir d'eau, galeries de promenades, ou corridors, sur lesquels s'ouvrent les chambres, et dont la paroi vitrée donne vue sur la campagne; grand et petit salon, bibliothèque, salle à manger, cuisine, officé. Il y a table d'hôte, comme dans les hôtels; trois repas par jour, sans compter le thé, servis dans la salle à manger, ou suivant le désir des voyageurs, en particulier, dans les chambres à coucher. Les lits sont faits le soir, défaits le matin et transformés en divans pour la journée; la nourriture, le service laissent peu à désirer. Et cependant, il faut bien l'avouer, le confortable n'y est pas; on y est gêné, on y manque d'air et d'espace; on n'y a pas ses coudées franches; tout est resserré, étriqué, étroit; il faut se faire petit pour passer par les portes; se hisser dans son lit et en descendre est un travail de force et d'adresse, qui suppose une souplesse de reins, une agilité et une sûreté de mouvements dont on n'est pas toujours doué à un degré suffisant..... Mais toutes les choses humaines, et les meilleures, n'ont-elles pas leurs imperfections? Et le progrès n'a-t-il pas, presque toujours, ses inconvénients, quelquefois même ses dangers? Ne critiquons donc pas trop l'*Orient-Express;* si l'on est heureux d'en être descendu, on se félicite d'y être monté, la vitesse, la rapidité ont leurs avantages, et souvent des avantages que rien ne saurait remplacer; reconnaissons d'ailleurs que cette vitesse, que cette rapidité n'empêchent pas de voir les pays que l'on traverse, de jouir de leurs aspects et d'en apprécier les caractères.

Partis de Paris, le dimanche soir, à sept heures et demie, le lundi matin, à quatre heures, nous nous éveillons au milieu des riantes vallées et des coteaux boisés du grand-duché de Bade. Quelques minutes d'arrêt seulement devant *Carslruhe*, sa capitale, nous font regretter de ne pas séjourner, au moins quelques heures, dans cette jolie ville. Bientôt nous sommes dans le *Wurtemberg*, délicieux pays ; ses maisons, rouges ou blanches, sont à pignons triangulaires et pointus, et ses campagnes d'une ravissante fraîcheur ; des marronniers roses ombragent les rives du *Neckar*, et la capitale, *Stuttgard*, nous apparaît comme une grande et belle ville. A *Ulm*, nous admirons l'imposante cathédrale gothique qui s'élève majestueusement tout près du chemin de fer, et nous nous rappelons la fameuse capitulation de 1805, qui livrait à Napoléon 30,000 Autrichiens, commandés par le général Mack. Nous arrivons dans la *Souabe*, où nous traversons les prairies les plus fleuries, dominées par de hautes et pittoresques montagnes. De cette région si accidentée, nous passons dans les plaines de la *Bavière;* les églises ont des clochers bulbeux, et ressemblent aux églises de Russie. A une heure après midi, nous entrons dans la vaste et magnifique gare de *Munich*.

Nous y fûmes rejoints par M. Dufrénoy, homme distingué, passionné pour les voyages, connaissant l'Europe comme il connaît Paris ; chercheur infatigable, appréciateur, admirateur enthousiaste de tout ce qui est beau, soit dans la nature, soit dans les arts ; nous eûmes en lui, dans toutes les circonstances et les mille incidents de notre grand voyage, le meilleur compagnon de route.

Après quelques minutes seulement de relâche à *Munich*, nous partons et gagnons l'*Autriche*. A dix heures du soir, nous sommes à *Vienne*, et le lendemain mardi, à quatre heures du matin, à *Pesth*. Nous courons à toute vitesse à travers les plaines immenses de la *Hongrie*, dont les chemins sont bordés d'acacias et d'églantines en fleurs. Les travaux champêtres sont partout en activité; de nombreux troupeaux de vaches blanches paissent dans les prairies; les voitures sont attelées de quatre chevaux de front, et les paysans, hommes et femmes, le plus souvent sans pantalon, n'ont pour tout costume qu'un spencer, corsage noir ou gris, et un jupon blanc, tombant à mi-jambe, qu'ils ne se font pas faute, pour se donner plus de liberté dans les mouvements, de relever jusqu'au-dessus du genou.

Dans ce trajet, nous fîmes deux aimables connaissances : M. Casimir, parisien d'une obligeance sans égale, allant, comme nous, à Constantinople, où l'appellent de grands intérêts, et un habitant d'Alep en Syrie, d'une haute distinction, parlant très bien français, fervent catholique, et ramenant à Constantinople un jeune Turc, fils d'Amil-Pacha, le conseiller le plus intime du Sultan. Tandis que nous devisions tous ensemble sur les questions les plus intéressantes, la porte du salon s'ouvre, et nous voyons paraître un voyageur, la figure bouleversée. — « Monsieur, me dit-il, en s'adressant à moi, n'êtes-vous pas médecin? — Oui,

Monsieur. — Eh bien! monsieur le docteur, j'ai recours à vous pour le cas le plus urgent et le plus embarrassant : ma femme qui est dans le train va accoucher! » — Faire un accouchement, au cœur de la Hongrie, et dans l'Express-Orient, pendant que le train, lancé à toute vapeur, fend, dévore l'espace, d'une course effrénée, vertigineuse, sans trève et sans merci, n'est-ce pas une aventure des plus piquantes et des plus originales? — Je m'empresse de suivre ce monsieur si troublé, et je vois une jeune et charmante Parisienne, dont les angoisses, en effet, étaient à leur comble; heureusement je pus apaiser les alarmes des deux époux en leur donnant l'assurance que le tendre fruit de leur hyménée ne courait aucun risque, et que, n'étant pas encore à sa maturité, il ne serait cueilli que plus tard, et dans le calme de moments plus paisibles et plus opportuns.

A midi, les Alpes transylvaniennes, ou *monts Karpathes*, sont en vue ; à une heure, leurs masses rocheuses nous barrent le passage; avant de nous plonger sous leurs voûtes ténébreuses, nous pouvons lire deux mots, écrits en gros caractères, au fronton du tunnel : « AD ORIENTEM » (PORTES DE L'ORIENT). Au sortir de ce tunnel en effet, nous sommes en *Orient;* nous nous arrêtons à *Orsowa*, dernière station de l'Autriche-Hongrie, tout près des *Portes de fer du Danube*. Une heure de répit nous est accordée ; pour la première fois depuis Paris, nous mettons pied à terre, et tout en admirant le sauvage et pittoresque aspect du paysage, les deux inscriptions suivantes, que nous transcrivons littéralement, attirent nos regards : *toaleta de Dame* —

toaleta de Barbati (toilette des Dames — toilette des Barbus). Ainsi, dans ces régions lointaines, *homme* et *Barbu* sont deux mots parfaitement synonymes, la barbe étant la personnification de l'homme; c'est pourquoi tous les hommes, les prêtres catholiques en particulier, portent leur barbe, et le plus souvent longue et touffue.

Au delà d'Orsowa, nous entrons en *Roumanie;* la voie ferrée, par des courbes habilement ménagées, gravit les *Karpathes* et atteint leur sommet. De ces hauteurs, un vaste panorama se déploie sous nos yeux : des cimes alpestres se dressent de tous côtés, autour de nous; le Danube coule à nos pieds, resserré entre leurs bases; nous descendons rapidement dans la plaine; le pays est fertile, bien cultivé; d'énormes cigognes parcourent la campagne. A minuit et demi, le train s'arrête, pour y rester jusqu'à cinq heures et demie du matin, à la station de *Bucharest*. Cette ville, paraît-il, est intéressante à visiter, même pendant la nuit; des orchestres, des chanteurs, des *tziganes* s'y font entendre jusqu'au matin, une certaine animation ne cesse pas de régner dans les rues et dans la promenade, on y rencontre de beaux types grecs, des costumes bizarres : tout cela nous a tentés, et M. Dufrénoy et moi, nous étions prêts à partir, lorsqu'on nous fit observer que la ville est à une lieue de la station, et que, soit dans le trajet, soit dans la ville elle-même, nous pourrions bien être volés et assassinés. Cette double perspective refroidit notre ardeur pour cette aventureuse et nocturne excursion, et, toute réflexion faite, nous renonçons à la capitale de la Roumanie et nous grimpons dans nos *sleeping-cars* pour essayer d'y dormir quelques heures.

Le mercredi 8 juin, à 5 heures et demie du matin, le train se remet en marche, et à 7 heures et demie nous dépose à *Giurgévo*, sur la rive gauche du Danube. Là, nous quittons la Roumanie et l'*Orient-express*, et nous montons sur un bateau à vapeur qui nous fait traverser, en 25 minutes, le fleuve, large de 3 kilomètres.

Nous abordons à *Roustchouk, en Bulgarie ;* c'est une ville de 50,000 âmes, sale, mal bâtie, et pourvue d'une douane dont il faut subir les exigences. Or, en Bulgarie comme en Turquie, voici comment les douaniers comprennent leur mission et répondent à la confiance de leur gouvernement : au moment où vos colis sont en présence du douanier chef, glissez-lui adroitement une pièce de monnaie dans la main, et, immédiatement et sans y regarder davantage, il déclare qu'il est inutile de rien ouvrir, que vous n'avez absolument rien de prohibé et de sujet aux droits. Or, pour ce qui nous concernait personnellement, les choses venaient de se passer ainsi, et nous pouvions nous croire libres de tout souci, lorsqu'un sac contenant des cerises achetées à Paris, et que Pauline avait à son bras, attire les regards de l'honnête et intègre fonctionnaire ; la vue de ces belles cerises provenant de Paris lui cause une visible et profonde émotion : — « La France, dit-il d'un ton qui ne souffrait aucune contradiction, est ravagée par le phylloxera ; ces cerises en sont peut-être empoisonnées, elles l'introduiraient en Bulgarie, elles n'y entreront à aucun prix, je m'y oppose formellement, elles seront jetées dans le Danube, ou mangées sur place dans le bureau de la douane! »... — Et à l'instant même, ce dernier parti lui paraissant préférable, il plonge, à notre grand ébahissement, sans hésiter et sans façon, ses deux grosses mains dans le sac, et se met à dévorer les cerises!... N'est-ce pas là, trait pour trait, cette désopilante chansonnette que notre ami Julliard dit avec tant de naturel et tant d'esprit? et le père *Broussailles*, ce garde champêtre qui croque à belles dents et confisque à son profit des poires volées par des enfants, auxquels il fait un procès, n'est-il pas copié sur notre douanier bulgare?

Après cette petite scène, l'aimable M. Casimir voulut bien nous présenter au directeur général des chemins de fer bulgares, qui fut assez gracieux pour mettre à notre disposition son wagon-salon, dans le train de *Varna*. Nous traversâmes ainsi, de la manière la plus confortable, la Bulgarie, pays plat, agricole et à température très variable. Les voitures y sont attelées à d'énormes buffles noirs, à cornes aplaties, renversées en arrière, et à tête hideuse et féroce. Les habitants sont, en général, d'une race grande et vigoureuse; les hommes, coiffés d'un turban, sont vêtus d'une casaque noire, grise ou bleue, ornementée d'agréments de diverses couleurs, et d'un large pantalon, dont l'ampleur forme, en arrière, une sorte de sac qui descend et flotte jusqu'à mi-jambe; leur ceinture est bardée de pistolets, de coutelas et de poignards; leur air batailleur, farouche et provoquant pourrait être peu rassurant dans une rencontre solitaire.

Vers trois heures après midi, nous pénétrons dans une dépendance des trop fameux marais de la *Dobroutcha*, si désastreux pour l'armée française pendant la guerre de Crimée. La voie ferrée s'engage dans une véritable forêt de roseaux au milieu desquels, de place en place, nous voyons apparaître la tête effrayante de quelque buffle sauvage. A 4 heures nous arrivons à Varna, et nous apercevons, au large, le paquebot qui doit nous emmener à Constantinople. M. Casimir, dont nous sommes les enfants gâtés, nous fait monter avec lui dans le canot du commandant du port, et c'est dans cette embarcation privilégiée que nous abordons à l'AURORA, paquebot des mieux aménagés du *Lloyd autrichien*.

Le temps est à souhait ; pas un nuage au firmament; aucune oscillation malfaisante ne trouble notre gaîté et ne nous empêche de nous asseoir à un excellent dîner. La mer, du plus beau bleu d'azur, est à peine ridée par une brise légère; elle s'embrase à un magnifique coucher du soleil; puis la pleine lune montant à l'horizon fait scintiller sa surface de feux étincelants. Nous ne pouvons nous lasser de contempler les splendeurs de cette admirable nuit d'Orient.

LE BOSPHORE — CONSTANTINOPLE

LE BOSPHORE — CONSTANTINOPLE

Le jeudi 9 juin, à 5 heures du matin, l'AURORA entrait dans le Bosphore, détroit qui relie la mer Noire à la mer de Marmara, l'ancienne *Propontide*, trait d'union, rivière, canal de communication entre ces deux mers. Chers lecteurs, ce détroit, ce canal, cette rivière, ce trait d'union est le bijou, la perle de l'Europe. La nature, si belle en mille autres lieux, n'est nulle part ailleurs aussi riante, aussi riche, aussi parée de grâces, dans la variété de ses aspects. Ses eaux sont bleues et limpides comme le ciel de l'Espagne ; ses rives, sur la côte d'Asie comme sur la côte d'Europe, sont de ravissantes collines où, de la base au sommet, et de degrés en degrés, s'échelonnent et se déploient, avec un charme infini, toutes les teintes, toutes les beautés, toutes les coquetteries de la végétation la plus plantureuse, la plus élégante et la plus fleurie.

Au milieu de toutes ces hautes futaies, de tous ces bosquets, de tous ces jardins qui s'élèvent, superposés de terrasse en terrasse, sur les pentes de ces verdoyants coteaux, on découvre partout une variété non moins saisissante de villages, d'habitations, de constructions de toute sorte. Ici c'est *Buyuckdéré*, puis *Thérapia*, résidence d'été des ambassadeurs de France, de Russie, d'Allemagne, d'Espagne, d'Italie. Plus loin, et sur les deux rives, ce sont des tours et des murailles crénelées du moyen âge, pittoresques débris d'anciennes forteresses; plus loin encore et des deux côtés, ce sont les fastueuses demeures des princes étrangers, des grands officiers de la couronne, des grands vizirs, des pachas, avec leurs vastes *harems*, aux fenêtres grillées ; les villas, les châteaux des négociants, des banquiers grecs, turcs ou arméniens. Le cours sinueux du Bosphore ménage, à chacun de ses détours, des perspectives nouvelles et inattendues ; et quand après avoir, pendant deux heures, navigué de surprises en surprises, on aperçoit les kiosques, les palais de marbre des Sultans, les immenses et splendides palais de *Schiragan* et de *Dolma-Batché ;* quand, en face des hauteurs de *Scutari*, on découvre, s'avançant dans la mer de Marmara, la pointe et les jardins du *Sérail*, que dominent la coupole et les minarets de Sainte-Sophie, on pourrait croire qu'il n'y a plus rien à voir, et que les yeux, enivrés, saturés de tant de merveilles, ont épuisé la coupe de tous les enchantements. Mais non, ce n'est pas tout, car ce n'est pas encore la CORNE-D'OR !

Nous y voici maintenant : le paquebot a viré de bord, il a laissé, à gauche et en arrière, la côte d'Asie, le mont *Boulgourlou*, *Scutari*, la tour de Léandre, et il entre dans un golfe intérieur, dans un bras de mer entouré d'un demi-cercle de collines, étagées et arrondies en forme de croissant et d'amphithéâtre, c'est la CORNE-D'OR !

Ces collines, sur toute leur surface, dans toute

l'étendue, dans tout le pourtour de leur demi-circonférence, offrent le plus étonnant, le plus grandiose, le plus magique de tous les spectacles ; elles sont bariolées de tous les tons, couvertes de leur base à leur sommet, et aussi loin que la vue peut s'étendre, d'un prodigieux fouillis, d'un incroyable entassement de tours, de mosquées, de monuments, d'édifices, de maisons de tous les aspects, de toutes les formes et de toutes les couleurs. A droite c'est la fonderie de canons de *Top-Hané*, c'est la tour de *Galata*, qui se dresse superbement au milieu de *Galata*, le quartier du commerce ; au-dessus de Galata se développent les modernes constructions de *Péra*, le quartier des Européens, couronné par ses champs des morts et ses bois de cyprès ; puis, çà et là, ce sont tous les grands hôtels, les hôpitaux, les casernes, les couvents, les ambassades de France et de Russie, avec leurs jardins. A gauche, c'est l'antique *Byzance*, fondée 630 ans avant J.-C. ; c'est *Constantinople*, la ville des Empereurs Constantin et Justinien, et des grands évêques saint Grégoire de Nazianze et saint Jean Chrysostome ; c'est depuis Mahomet II, en 1453, *Stamboul*, la ville turque, le centre de l'islamisme, la capitale de l'empire ottoman, avec le vieux sérail, ses jardins, ses platanes énormes, avec la *Sublime-Porte*, ses palais et ses ministères, avec les coupoles et les minarets des mosquées de Sainte-Sophie, des sultans Bayazid, Achmet, Soliman le Magnifique, la tour du *Séraskier* et l'obélisque de Théodose sur la grande place l'*At-Méïdan*. Le quartier des Juifs et le *Fanar*, quartier des Grecs, ferment le fond du golfe.

Ses eaux sont d'un bleu foncé, comme les eaux du Bosphore; une flottille de navires les traverse incessamment et en tous sens : c'est un point d'arrivée et de départ, un va-et-vient continuel de paquebots grands et petits, venant de tous les pays, portant tous les pavillons; et sur toute cette surface, on voit glisser, évoluer, à force de rames, faire assaut de vitesse, se croiser, s'éviter, se dépasser, une multitude innombrable, semblable à des troupeaux d'oiseaux aquatiques, de barques de toutes les grandeurs, de canots et de pirogues, de *kaïks*. Quel mouvement! quelle animation! quel tableau extraordinaire, merveilleux! quel horizon fantastique! quel éblouissement! quelle fascination des yeux! et quelle lumière vive, éclatante dans cette atmosphère si pure et si diaphane de l'Orient!... Voilà la *Corne-d'Or*, ou plutôt voilà son ébauche, son incomplète et bien imparfaite image! Nous avons vu le golfe de Naples, la *Conque-d'Or* de Palerme, le golfe de Finlande, avec ses palais de Péterhoff, l'arrivée à Saint-Pétersbourg par la Néva; nous avons vu le golfe de Lisbonne, les fjords de Trondjem et de Christiania, rien n'est comparable à la *Corne-d'Or*, c'est la merveille des merveilles, c'est ce qu'il y a de plus étonnant, de plus beau en Europe, et, peut-être, dans l'univers!

On arrive à la Corne-d'Or et à Constantinople de deux côtés, par le Bosphore, comme nous, et par la mer de Marmara, comme nous aussi, quelques jours plus tard, en revenant des îles des Princes, et à notre retour de Brousse. Cette seconde manière, cette seconde route, sans avoir les radieuses perspectives du Bosphore, n'en est pas moins très belle ; de bien loin, dans la *Propontide*, on aperçoit l'antique Constantinople, toute la longueur des murs bâtis par Justinien, le *château des Sept-Tours*, *Stamboul*, la ville turque, le palais du Sérail, les coupoles, les minarets des mosquées, de Sainte-Sophie, d'Achmet, du Solimanier, la tour du Séraskier qui s'élèvent bien haut dans les airs, au milieu des flots, comme sur un immense promontoire; et quand on a doublé la pointe du Sérail, alors on a tout le ravissement de la *Corne-d'Or*.

Un auteur a dit qu'après avoir vu Constantinople de la Corne-d'Or, on devrait rester sous le charme de cette vision, unique au monde, et partir, sans débarquer, sans entrer dans la ville, dont l'aspect misérable n'offre que des déceptions.

Nous ne sommes pas de cet avis; sans doute, en quittant le paquebot, la première impression est un désappointement; à l'admiration, succède la désillusion. Les rues étroites, malpropres, impressionnent désagréablement; de loin, l'ensemble des maisons, bariolées de toutes les couleurs, était d'un coup d'œil étrange et plein de gaieté ; de près, et vues isolément, ces maisons ne sont, le plus souvent, que des masures ; il y a donc là un incontestable contraste. Mais dans la vie, en voyage surtout, les contrastes ne sont-ils pas, très souvent, la chose la plus enviable ? n'est-ce pas aux contrastes que sont dues les impressions les plus vives, les plus saisissantes? Sans les contrastes, tout devient monotone.

« L'ennui naquit un jour de l'uniformité, »

a dit un poète; on se lasse de tout, même du sublime; l'admiration, l'enthousiasme ont leur fatigue; l'esprit ne peut pas toujours se tenir au diapason le plus élevé, et pour se reposer il a besoin de descendre à des impressions plus calmes, fussent-elles même quelque peu vulgaires.

Or, après cette mise en scène si splendide et si grandiose de la Corne-d'Or, l'intérieur de la ville vous place, subitement et sans transition aucune, dans un monde tout nouveau, et à coup sûr bien inattendu, mais dont l'aspect n'en est que plus piquant. A *Galata*, ce sont des rues tortueuses, en pente raide et toujours encombrées; la foule des passants est des plus intéressantes à observer. Ce sont des femmes, chaussées de babouches rouges ou jaunes, vètues de disgracieuses étoffes flottantes, des couleurs les plus criardes, et la tête enveloppée d'une mousseline blanche qui leur masque la figure; ce sont des portefaix, les jambes nues, sans autre vêtement qu'un caleçon de toile très court et un morceau de laine jeté sur leurs épaules. Ce sont des Turcs, à la culotte large et plissée, aux épais turbans, à la veste soutachée de capricieuses broderies; de graves Arméniens, à la redingote noire et boutonnée; des Grecs, dénoncés par leur mine astucieuse, et des Juifs, par la saleté de leur accoutrement; des Arabes, à la démarche lente, drapés dans leur burnous blanc; des Persans, au bonnet pointu, le poignard ou le cimeterre au côté; des Derviches hurleurs et tourneurs en robes grises, à l'air inspiré, qui marchent d'un pas solennel et compassé. Les rues les plus larges de Galata et de Péra sont sillonnées de fiacres, de tramways, de voitures de toute espèce; elles sont bordées de constructions monumentales, nouvellement édifiées, de luxueux magasins, dont les plus grands ont pour enseigne : *le Louvre; le Bon Marché; le Printemps.* A Péra, on pourrait se croire à Paris, si *des champs des morts*, et des fenêtres de quelques hôtels, les yeux n'étaient éblouis par les plus admirables perspectives, d'un côté sur la Corne-d'Or, de l'autre sur les rives enchanteresses du Bosphore. Stamboul, c'est la vieille ville avec de tout autres aspects, avec sa physionomie originale et primitive, ses grands bazars, ses mosquées, ses rues étroites, ses maisons de bois, bicoques devant lesquelles de gros Turcs se tiennent assis, les jambes croisées, et fumant gravement leurs longues pipes ou leurs narghilés.

Le pont de la Sultane Validé, restauré et mis à neuf, relie les deux côtés de la Corne-d'Or, Stamboul à Galata et à Péra. Chers lecteurs, arrêtez-vous un instant sur ce pont, et vous y aurez un des spectacles les plus extraordinaires qui soient au monde : d'un côté, le fond de la Corne-d'Or, et son amphithéâtre de quartiers turc, juif, grec, européen ; de l'autre, cette même Corne-d'Or, qui se développe dans toute son immense étendue, jusqu'à Scutari la ville asiatique, devant laquelle elle se confond avec le Bosphore et la mer de Marmara; et si nous sommes au soir, au coucher du soleil, vous allez voir toute cette ville de Scutari, appelée aussi *Krysopolis* (la ville aux reflets d'or), s'illuminer, s'embraser, scintiller de feux si ardents, de flammes si étincelantes que vous pourrez à peine en supporter l'éclat; c'est un véritable incendie qui s'allume en face de vous, sur toute la côte d'Asie, sur toute la pente du mont Boulgourlou, et jusqu'à la ville de *Kadikeuil*, l'antique *Chalcédoine;* merveilleux et incomparable tableau, que l'on ne peut se lasser d'admirer, et dont le charme défie toute description. Si maintenant, détachant vos regards de ce magique panorama, et de toute cette multitude de navires, de kaiks, de barques et d'embarcations, vous les fixez sur le pont lui-même, vous allez voir défiler devant vous la foule la plus bigarrée qui se puisse imaginer : nègres et mulâtres, hommes et femmes de toutes les couleurs et de tous les pays, noirs Éthiopiens, Arabes du désert, eunuques du sérail, muezzins, ulémas des mosquées; Maltais, chassant devant eux des ânes et des mulets chargés de fardeaux ; soldats et officiers, à pied ou à cheval; vendeurs des bazars, marchands, banquiers grecs, turcs, arméniens et circassiens, tous coiffés d'un fez rouge au gland noir qui de loin, quand ils sont en groupes, leur donne l'air d'un parterre de coquelicots. Ce pont semble être le rendez-vous de tout l'univers.

Dans ce rapide et incomplet croquis de la physionomie intérieure de Constantinople, n'oublions pas les chiens, qui en sont un des traits caractéristiques. N'est-ce pas bizarre de trouver dans toutes les rues, soit sur le trottoir, soit au milieu de la chaussée, des réunions, des familles de chiens? Ils sont quatre, cinq, six, huit ensemble, tous du même poil jaune, tous de la même espèce, chiens-loups, chiens-renards; couchés, étendus, dormant profondément au soleil le plus ardent; quelquefois une chienne allaite ses petits; rien ne les trouble, rien ne les émeut, ni les passants, ni les voitures; c'est aux promeneurs, c'est à la foule de se détourner; quant à eux, ils ne bougent pas; ils restent immobiles et plongés dans leur sommeil. Quelquefois cependant une voiture, lancée trop vite, les frôle de trop près, et leur laisse quelques horions; aussi un grand nombre d'entre eux sont plus ou moins invalides, boiteux, éclopés; la rage ne les atteint pas; le jour, ils sont muets et immobiles; la nuit, ils s'éveillent, se mettent en campagne, courent les rues, cherchent et dévorent tout ce qui peut les nourrir; ce sont alors des batailles, des aboiements, des hurlements affreux, du soir au matin; quand le jour paraît, le silence se rétablit, tout se calme, tout rentre dans l'ordre. Les familles de chiens se connaissent; elles ont toutes leur quartier d'habitation, c'est leur domaine, leur propriété; elles y sont chez elles, elles en interdisent inexorablement l'entrée aux chiens des quartiers voisins : un jour que nous sortions de Sainte-Sophie, un spectacle et des bruits étranges éveillèrent notre attention; l'immense place était remplie de chiens, et d'instant en instant il en arrivait d'autres, qui débouchaient par bandes, par troupes, de toutes les rues aboutissant à la mosquée. C'était une véritable émeute de chiens, un tapage infernal, une mêlée générale, un combat acharné, des cris, des jappements furieux. — « Qu'est-ce que cela? disons-nous à notre drogman. — C'est, nous répond-il, un chien étranger qui avait voulu s'établir ici, et les chiens du quartier le chassent; tenez, voyez-le là-bas; il est blessé, peut à peine se soutenir, et s'en va tout ensanglanté. » — Il paraît que ces animaux sont moins nombreux qu'autrefois, et cependant un jour, pendant une course de voiture de vingt à vingt-cinq minutes, nous en avons compté, sur notre passage, *deux cent cinquante-huit!*

Mais Constantinople se recommande à bien d'autres titres : cette grande ville, de 6 à 700,000 âmes, est située à l'extrême limite de l'Europe et de l'Asie; asiatique à Scutari, sur la rive orientale du Bosphore, elle est européenne, sur la rive occidentale, à Galata, à Péra et à Stamboul. Le Bosphore la coupe en deux parties inégales. Il en fait une ville à la fois d'Europe et d'Asie. De même qu'elle est assise sur deux continents, elle est baignée aussi par deux mers, la Propontide ou mer de Marmara, et le Pont-Euxin ou mer Noire, par l'intermédiaire du Bosphore de Thrace. Ces deux mers confondent leurs eaux dans son vaste et incomparable port, la Corne-d'Or, l'un des golfes les plus magnifiques du monde!

Il était sept heures du matin, le jeudi 9 juin, quand l'*Aurora*, notre paquebot, y jeta l'ancre, au milieu de centaines de petites barques qui faisaient force de rames à sa rencontre, et frétillaient tout autour de lui, en attendant que leur population de drogmans, de portefaix, de garçons d'hôtel, venant se disputer les passagers, et d'amis impatients d'embrasser des amis, pût monter à l'abordage. Nous étions encore sur le pont, quand M. Casimir nous présenta son ami, M. Cuinet, personnage important de Constantinople, qui voulut bien offrir une place dans sa voiture à ma chère Pauline. A neuf heures, toutes les formalités de douanes remplies, nous étions installés à Péra, chez M. Flamand, dans le *grand hôtel de France et du Luxembourg*.

C'était le jeudi de la *Fête-Dieu*, jour férié à Constantinople : l'église de Saint-Antoine-de-Padoue, desservie par les franciscains, était voisine de notre hôtel ; une foule élégante, en toilettes parisiennes, s'y pressait ; nous y assistâmes à une grand'messe solennelle, après laquelle nous nous rendîmes en voiture, tout à fait dans le haut de la ville, à la cathédrale *San Spirito*, l'église du Saint-Esprit. Les rues adjacentes décorées de tentures, de drapeaux, de fleurs et de feuillage, nous annonçaient qu'une grande procession, malheureusement terminée, y avait été faite le matin.

Revenus à l'hôtel, nous prenons pour drogman, guide et interprète, un jeune Grec du nom de *Léonidas Nicolaïdis;* sous sa direction, nous descendons en voiture à la Corne-d'Or, d'où un bateau nous conduit à Scutari. Là, en voiture, et cahotés dans des rues défoncées, nous gagnons les premières pentes du mont Boulgourlou ; au faîte de la montagne, un panorama splendide, idéal, se déroule à nos yeux : d'un côté, la mer de Marmara, la Corne-d'Or et tous ses navires, le Bosphore, Constantinople, ses tours, ses palais, ses amphithéâtres de maisons, ses coupoles et ses minarets ; de l'autre, les campagnes d'Asie, à travers lesquelles serpente la route du grand pèlerinage de la Mecque. On nous verse comme rafraîchissement du *mastic*, liqueur indigène, très aromatique, sorte d'absinthe et d'anisette qui se boit étendue d'eau. Nous rejoignons notre voiture, restée à mi-côte, et, à travers *Scutari* et son *grand champ des morts*, nous gagnons, sur les bords de la mer de Marmara, le cimetière anglais, où sont ensevelis les officiers anglais morts pendant la guerre de Crimée; leur souvenir est consacré, non pas seulement par leurs tombes individuelles, mais encore par une inscription gravée sur les quatre faces du soubassement d'un obélisque monumental : cette inscription est répétée dans les quatre langues des quatre armées alliées, française, anglaise, italienne et turque, qui combattaient côte à côte. Continuant à suivre le rivage, nous arrivons à *Kadikeuil*, l'ancienne *Chalcédoine*, jolie ville de 20,000 âmes, qui s'élève en face de la Pointe-du-Sérail; elle a d'élégantes habitations; sa situation est délicieuse, aussi est-elle un des lieux de plaisance, une des résidences d'été les plus agréables des environs de Constantinople. Un prêtre, avec lequel nous lions conversation, nous apprend qu'elle a de florissantes écoles tenues par les sœurs de Saint-Vincent-de-Paul, et les frères des écoles chrétiennes. A sept heures et demie du soir, le bateau nous ramène à Constantinople et nous dépose dans la Corne-d'Or, au pont de la Sultane Validé.

Tel fut l'emploi de notre première journée à Constantinople. La seconde était un vendredi, jour de fête et de prière chez les Turcs. Ce jour-là, le sultan se rend à la mosquée, en grand cortège de gala. En 1867, il y a juste vingt ans, nous étions à Constantinople et, nous assistions à ce même défilé. Le sultan habitait alors le grand palais de Dolma-Batché, et ce jour-là, il se rendit, par le Bosphore, à la mosquée d'Ortakeuil. Nous l'avons raconté dans la première série des *Vacances d'un médecin.* Le sultan actuel a choisi pour demeure un autre palais, situé sur le point culminant des hauteurs qui dominent Péra ; et c'est à une mosquée, voisine de ce palais, qu'il va, le plus habituellement, faire ses prières officielles. *Sa Hautesse*, paraît-il, toujours sous l'impression de la frayeur que lui a laissée la mort violente de son prédécesseur *Abdul-Azis*, ne veut que le moins possible se montrer en public, redoutant pour elle-même un pareil sort.

Il était midi, quand le cortège impérial défila sous nos yeux. Après cette pompe originale et imposante, et dès que les *hourrahs*, poussés par l'armée entière, eurent salué le passage du *Père des Croyants*, nous prîmes un des paquebots qui font le tour du Bosphore, en s'arrêtant à toutes les stations ; nous revîmes l'immense et somptueux palais de marbre de Dolma-Batché, le palais de Schiragan, où le frère du sultan, atteint, dit-on, d'aliénation mentale, est prisonnier et soustrait à tous les regards ; nous revîmes, sur la côte d'Asie, le délicieux petit palais de marbre donné par le sultan à l'impératrice Eugénie, lorsque, dans tout le rayonnement de sa fortune, cette gracieuse souveraine fit le voyage de Constantinople. Nous admirâmes de nouveau, et comme la veille, ces rivages enchanteurs, ces ondulations de collines, émaillées de fleurs, de verdure, de villages et de somptueuses habitations, ces magnifiques jardins de l'ambassade de France, à *Thérapia*, et quand nous fûmes à *Buyuck-Déré*, dans ce charmant pays où, vingt ans auparavant, j'avais pris un bain de Bosphore avec mon excellent ami le docteur Ameuille, nous mîmes pied à terre, et pendant une heure, assis sous de frais ombrages, nous savourâmes le charme de ce ravissant séjour. Le soir, à sept heures et demie, quand nous rentrions dans la Corne-d'Or, le soleil couchant dardait tous ses feux sur Scutari; on eût dit que chaque maison était enflammée, c'était l'embrasement de toute la ville et des grandes casernes de la rive asiatique, éblouissant et indescriptible spectacle!

La troisième journée (samedi 11 juin) fut consacrée à Stamboul, à ses bazars, à ses mosquées.

Les grands bazars sont d'immenses galeries, ramifiées presque à l'infini; dédale inextricable de magasins, de boutiques, où sont réunies et entassées d'incalculables richesses : objets d'or et d'argent, diamants, topazes, émeraudes; étoffes précieuses de l'Orient, de l'Inde, de la Chine et de la Perse; armes, chaussures, broderies, bijoux de Turquie et de Circassie; produits de toutes sortes de l'industrie et des arts de l'Europe et de l'Asie. Les marchands, de tous les pays et de tous les types : Grecs, Arméniens, Juifs, Turcs, Persans, Circassiens. Il se fait là un commerce des plus importants; nos grands magasins de Paris viennent s'y approvisionner. Mais prenons garde d'y être dupés, les prix de toutes choses sont habituellement surfaits, et dans les plus incroyables proportions ; s'il se trouve, parmi tous ces vendeurs, d'honnêtes négociants, il y a aussi d'adroits flibustiers et d'astucieux enjôleurs, qui essayeront de vous extorquer cent francs, pour un objet que tout à l'heure ils vous laisseront à vingt francs.

Les mosquées de Constantinople se ressemblent toutes à l'extérieur : ce sont des édifices de forme oblongue ou carrée, au centre desquels s'élève une coupole que surmonte le croissant. La hauteur de cette coupole n'est point en rapport avec sa largeur ; aussi elle paraît lourde et écrasée. En revanche, elle est toujours accompagnée de deux, quatre ou six minarets, flèches rondes, grêles, aiguës, hardiment élancées, du haut desquelles les muezzins, d'une voix nasillarde et chevrotante, chantent, trois fois par jour, une invocation à Mahomet, et appellent les fidèles à la prière.

La mosquée du *Sultan Achmet* est surtout remarquable par les belles faïences émaillées qui tapissent les murs de sa vaste enceinte et les revêtent de couleurs blanches et bleues, des tons les plus doux et les plus harmonieux.

La mosquée du *Sultan Bayazid,* ou *Bajazet,* dite aussi *mosquée des Pigeons,* de proportions plus restreintes, est précédée d'un élégant *atrium,* que des pigeons, cent fois plus nombreux que les pigeons de Saint-Marc de Venise, se sont choisi pour domicile ; et comme à Saint-Marc, personne ne songe à y troubler leur paisible existence.

La mosquée de *Soliman II le Magnifique,* fils de Sélim Ier, est appelée aussi le *Solimanié ;* c'est un monument superbe et grandiose; ses six minarets, de hauteurs inégales, ont une grâce, une hardiesse et une légèreté incomparables. Ses vastes proportions, la largeur de ses trois nefs, l'élévation de ses voûtes sont du plus imposant aspect; quelques-unes de ses verrières peintes, en Perse, au seizième siècle, charment les yeux par leur merveilleux coloris... Toutes les nuances, tous les tons des plus riches couleurs y sont agencés et mariés avec un art que nos admirables verriers du treizième siècle ont à peine égalé à la Sainte-Chapelle, à Notre-Dame, à Saint-Denis, à Troyes, à Reims, à Rouen, à Chartres.

Autrefois, il y a vingt ans encore, on n'entrait dans les mosquées que muni d'un *firman*, octroyé par le sultan, à prix d'argent; aujourd'hui, il suffit d'une petite pièce de monnaie, que perçoit un gardien; mais il faut, de toute nécessité, se déchausser; on n'y pénètre que pieds nus, ou, du moins, qu'avec des chaussures spéciales, qui vous sont présentées et sans lesquelles la porte vous est rigoureusement interdite.

Les mosquées, dans toute leur superficie, sont tapissées de nattes orientées du côté de la Mecque : on y voit, de place en place, quelques fidèles; les uns sont couchés, étendus, et dorment d'un profond sommeil; ou bien à genoux, prosternés, la face contre terre; les autres assis, les jambes croisées, et tournés vers la Mecque, marmottent à haute voix des prières, avec un continuel balancement de corps, mouvements incessants, et d'avant en arrière, sorte de tangage ou de salutations qui, chez des gens nerveux, finiraient par troubler la vue et provoquer des nausées. On n'y trouve jamais de femmes ; elles n'ont pas le droit d'y entrer ; elles en sont absolument exclues.

Trois choses sont à remarquer dans chaque mosquée : 1° un sanctuaire d'une ornementation plus ou moins luxueuse, à droite et à gauche duquel sont placés de gros cierges de cire, c'est le *mirhab;* c'est là qu'est déposé le Coran ; 2° un siège très élevé, quelquefois artistement travaillé, adossé à la muraille et de forme pyramidale, qui rappelle nos chaires à prêcher, ou le trône de nos évêques ; c'est le siège où se placent, pour la prière, et suivant les circonstances, l'*Iman*, le *Mufti*, l'*Ulémas*, le *Cheik-ul-Islam*, le chef suprême de toute la hiérarchie des prêtres, des moines, des jurisconsultes musulmans ; 3° une tribune voisine de ce siège, et à laquelle on arrive par une galerie qui correspond à une porte spéciale : c'est la tribune du sultan. Telle est, à l'exception de quelques lignes du Coran, écrites çà et là, en caractères arabes, sur les murs, la seule ornementation des mosquées ; elles ne renferment ni statues ni peintures, la religion de Mahomet interdisant, sous quelque forme et sous quelque prétexte que ce soit, la reproduction de la figure humaine.

Pourquoi faut-il, à propos des mosquées, que nous ayions à parler de *Sainte-Sophie*, l'un des plus admirables édifices du monde entier ? Elle fut fondée au sixième siècle par les empereurs Justin Ier et Justinien, qui voulurent en faire l'église la plus vaste et la plus magnifique de l'univers ; les marbres les plus précieux, des colonnes de jaspe, d'albâtre, de porphyre, de vert antique, provenant des temples des faux dieux, et en particulier du fameux temple de Diane à Éphèse, furent employés pour sa construction. La voûte de son immense coupole et ses murs, dans toute leur étendue, furent revêtus de mosaïques sur fond d'or; les neuf portes de sa large façade étaient de bronze et sculptées avec art; elle fut inaugurée, l'an 537 après J.-C., sous le règne de Justinien, et consacrée à Dieu, non pas sous le vocable de Sainte-Sophie, mais de la *Sagesse divine* (*Hagia Sophia*), l'un des attributs divins.

En 1453, le jour de la prise de Constantinople, le sultan Mahomet II, vainqueur, y entra à cheval. Il la parcourut, la profana dans toutes ses parties, et fit monter son cheval jusque dans les galeries supérieures; trente mille chrétiens s'y étaient réfugiés; il les fit massacrer tous sous ses yeux. Un prêtre, dit une légende, était à l'autel et célébrait la messe; mais au moment où le sultan pénétra dans l'enceinte sacrée, une porte mystérieuse s'ouvrit tout à coup dans la muraille, derrière l'autel, se referma sur le prêtre et le mit à l'abri de toute violence sacrilège. Ce prêtre, ajoute la légende, resté enfermé dans une cachette miraculeuse et soustraite à tous les regards, en sortira, le jour où Sainte-Sophie sera rendue au culte du vrai Dieu, et, ce jour-là, il continuera sa messe interrompue et inachevée, depuis l'année 1453.

L'occupation musulmane, le vandalisme barbare, le fanatisme anti-chrétien des Turcs, au quinzième siècle, furent un désastre pour Sainte-Sophie, transformée en mosquée, dégradée, dépouillée de tous ses splendides ornements, et rendue méconnaissable par les plus odieuses mutilations. Cependant, telle que nous l'avons vue, défigurée par toutes les souillures, elle est encore si belle par elle-même, par ses larges et magnifiques proportions, par la hardiesse et l'originalité de ses conceptions, qu'elle reste, en dépit de tous ses profanateurs, un des édifices les plus étonnants et les plus admirables qui soient au monde. Extérieurement, de lourdes et massives constructions, nécessitées par l'ébranlement d'un tremblement de terre, lui ont ôté tout son caractère architectural, que quatre grands minarets ont achevé de dénaturer ; seule, sa grande coupole peut la faire reconnaître.

Sa façade principale a neuf portes qui donnent accès à un premier vestibule, dont la longueur transversale est de 180 pas. De ce premier vestibule on passe dans un second qui lui est parallèle, mais plus large et de même longueur; il a également neuf portes, qui s'ouvrent directement dans l'église. On éprouve alors un indicible sentiment de surprise et d'admiration. Rien de ce que l'on avait vu au dehors ne pouvait faire soupçonner cette immense étendue, ces nefs si larges, cette double rangée de colonnes superposées, ces vastes galeries supérieures, ces fenêtres si gracieusement étagées tout autour de la coupole. Pour donner une idée comparative des colossales dimensions de cette église, disons que sa grande nef, à elle seule, est aussi large que les cinq nefs de Notre-Dame ensemble, et que sa largeur totale est de 130 pas, tandis que la métropole de Paris n'a que 78 pas dans sa plus grande largeur.

Et maintenant, quelle multiplicité de détails à noter! les colonnes sont des marbres les plus beaux et les plus rares; leurs soubassements sont de cuivre ou de bronze doré; et leurs chapiteaux, ainsi que les frises qui les relient les uns aux autres, et serpentent dans toute la longueur de l'église, d'un marbre blanc fouillé, sculpté à jour, avec un art infini et semblable à une dentelle du plus fin, du plus delicat, du plus délicieux travail. En dehors de ces richesses et de ces chefs-d'œuvre échappés à la sauvage brutalité des Turcs, tout le reste n'est plus que ruines et dégradations; les mosaïques sur fond d'or ont disparu sous une affreuse couche de badigeon; parfois cependant on peut encore en apercevoir quelques fragments, dont le plâtre n'a pas recouvert entièrement la sereine beauté. De gigantesques séraphins, qui semblaient prendre leur vol, sous la vaste envergure de la coupole, ont été décapités; leurs ailes seules apparaissent encore toutes déployées. Le désastre s'est acharné sur les croix, qui sont partout brisées, sur des images de Jésus-Christ, à demi effacées, et dont la tête a été tranchée pour obéir à la loi de Mahomet, qui interdit toute reproduction de la figure humaine. Le mirhab a pris la place de l'autel, et les belles portes de bronze ont été remplacées par de grossières portes de bois; et cependant, malgré tous ces ravages et toutes ces dégradations, Sainte-Sophie est encore une des merveilles du monde!

Nous remontons en voiture, et à l'extrême pointe du *Vieux-Sérail*, en face de la côte d'Asie, entre la Propontide, la Corne-d'Or et le Bosphore de Thrace, nous voyons se dérouler tout autour de nous un des plus splendides panoramas qu'il puisse être donné à l'œil humain de contempler.

Puis, revenant sur nos pas, nous gagnons, en passant devant la *tour du Séraskier*, la place de l'*At-Méïdan*, ou de l'hippodrome, au milieu de laquelle s'élève l'obélisque égyptien érigé au quatrième siècle par Théodose. Cet obélisque est placé sur un piédestal en marbre blanc, dont la sculpture, parfaitement conservée, représente le grand empereur assistant aux combats du cirque entre ses deux fils, Honorius et Arcadius, qui devaient, après sa mort, lui succéder, l'un sur le trône d'Occident, et l'autre sur le trône d'Orient.

La journée étant suffisamment remplie, nous descendons au pont de la Sultane Validé, qui nous ramène à Galata, et bientôt après à Péra.

La quatrième journée (12 juin) était un dimanche; après la messe, à l'église des Arméniens, voisine de notre hôtel, nous prîmes, à 10 heures, le bateau à vapeur des *îles des Princes*, situées dans la mer de Marmara. Au sortir de la Corne-d'Or on tourne à droite, on double la pointe du Sérail et, laissant à gauche Scutari, le cimetière anglais et Kadikeuil, on entre en pleine Propontide, et en deux heures on arrive aux îles. Il y en a trois : ce sont des montagnes rocheuses fort élevées, couvertes d'habitations et de verdure. A midi, nous débarquons à *Prinkipo*, la plus grande, la plus belle des trois îles, et nous entrons tout de suite à l'hôtel de *Calypso*, qui borde la mer de si près, que notre table, à ciel ouvert, est parfois arrosée du rejaillissement des vagues. Le déjeuner terminé, nous montons en voiture, et pendant deux heures nous parcourons cette île pittoresque, élégante villégiature toute parsemée de confortables hôtels, de coquettes maisons, toute embaumée de plantes odoriférantes et fleuries, en vue de la mer. Nous gravissons une pente rapide qui nous conduit au couvent grec de Saint-Georges, sur le point culminant; de là, nous jouissons d'une immense et magnifique perspective; à nos pieds, l'île tout entière, puis la mer; à droite, toute la côte d'Asie, et, au loin, devant nous, à l'horizon, Constantinople. A 3 heures le paquebot nous emmène, et à 5 heures il nous dépose dans la Corne-d'Or, au pont de la Sultane Validé, où nous attendaient l'excellent M. Casimir et son aimable ami M. Cuinet, qui avaient bien voulu venir à notre rencontre.

Ces messieurs nous accompagnèrent à la procession du *Saint Sacrement*. Chaque année, il y en a trois à Constantinople : la première, le jeudi de la Fête-Dieu à Péra ; la seconde, le dimanche suivant à Galata ; la troisième, le jeudi de l'octave dans un autre quartier de Galata et dans les jardins de l'ambassade de France.

Si les cérémonies, si les pompes catholiques sont toujours, en quelque lieu que ce soit, belles et imposantes par elles-mêmes, elles ont un caractère plus suave, plus émouvant encore, lorsque, méconnues et abandonnées dans notre pays, on les retrouve en pays lointain, étranger, infidèle. On pouvait les croire ignorées, oubliées, perdues, et voilà que tout à coup, et dans une ville qui semblait leur être fermée, on les revoit avec tout leur éclat d'autrefois, avec cette poésie et ce charme inexprimable et tout divin qui n'appartiennent qu'à elles. C'est la manifestation la plus solennelle et la plus inattendue des pieux élans de la foi chrétienne; c'est en même temps le plus imprévu et le plus touchant réveil des souvenirs de l'enfance et de la patrie! Nous n'avions garde de manquer à cette procession; elle avait lieu, ce jour-là, dans le quartier de Galata, le plus occidental, le plus éloigné du Bosphore, dans les plus larges rues sillonnées par les tramways. Mais toute circulation des voitures était interrompue; toutes les affaires étaient suspendues; la grande fête religieuse était la seule préoccupation, c'était la joie de tout le monde; dès qu'il s'agissait d'une manifestation religieuse, toutes les croyances s'étaient confondues pour y prendre part, chacune à leur manière et dans un même sentiment d'union et de fraternité. Les Turcs, les schismatiques grecs, avaient enguirlandé leurs rues, pavoisé leurs maisons aussi bien que les catholiques, et l'on pouvait voir partout le croissant de Mahomet faisant cortège à la croix de Jésus-Christ!

Nous ne dirons rien de plus de cette auguste cérémonie, qui nous a vivement émus, puisque nous en avons parlé plus haut et plus en détail. Dès qu'elle fut terminée, nos aimables compagnons nous conduisirent au chemin de fer funiculaire, qui, par une galerie souterraine, nous fit monter, en quelques minutes, des quartiers les plus bas de Galata aux points les plus élevés de Péra.

Nous nous rendîmes directement au couvent des *Dames de Notre-Dame-de-Sion*, où nous étions attendus. Nous avons l'avantage de connaître, à Paris, plusieurs des religieuses appartenant à cette même congrégation, et l'une d'elles, actuellement à Tunis, la Mère Marcella, née Prévost-Paradol, sœur de l'ambassadeur de France aux États-Unis d'Amérique, est restée, depuis la maison de Saint-Denis, l'amie intime de ma chère Pauline.

On nous fit une réception sinon tout à fait officielle, du moins de la plus charmante cordialité. La supérieure, femme éminemment distinguée, entourée de plusieurs de ses religieuses, nous accueillit avec le plus aimable empressement, et nous introduisit tout d'abord dans la grande salle des réunions, où les élèves nous donnèrent un concert instrumental très original et des mieux réussis. L'aumônier nous y rejoignit, et nous fûmes conduits dans toutes les parties de ce magnifique établissement, dont la tenue est admirable, où tout l'enseignement est donné en français; classes, salles d'étude, de gymnastique, de travail à l'aiguille, de musique, réfectoire, infirmerie, dortoirs, chapelle, tout nous fut montré. Du couvent, on passe directement dans les galeries de la cathédrale, l'église du *Saint-Esprit*. C'est là que les élèves assistent aux offices. La supérieure nous dit qu'elle avait, parmi ses élèves, un assez bon nombre de jeunes filles turques, appartenant à de hauts fonctionnaires et à de grandes familles de Constantinople ; elles sont admises au couvent à condition que le français soit leur langue usuelle, et qu'elles suivent tous les offices et tous les services religieux, toute réserve faite pour le confessionnal. M. Cuinet, toujours désireux de nous être agréable, nous présenta sa fille aînée, l'une des pensionnaires, gracieuse jeune fille, chez laquelle se trouvent joints au plus heureux naturel et à l'éducation la plus parfaite, tous les dons et tous les charmes de ses dix-huit printemps.

Le lendemain (13 juin, cinquième journée), visite au couvent des Franciscains. Le père Marcel, dont la bonne et sympathique figure est ornée de la plus belle barbe blanche qu'il soit possible de voir, nous donna d'intéressants détails sur l'Orient. La religion catholique y est en honneur et partout protégée ; son culte s'y exerce en toute liberté ; il y a, à Constantinople, plus de 150 prêtres ; tous les ordres religieux d'hommes et de femmes y sont représentés, le gouvernement leur est favorable ; les couvents se multiplient dans tout l'empire, en Europe comme en Asie ; ce sont les pensionnats les plus fréquentés, et que les Turcs préfèrent pour leurs enfants. Les frères des écoles chrétiennes y ont partout des maisons où ils enseignent le français. Les hôpitaux sont desservis par les sœurs de saint Vincent de Paul, dont les pensionnats sont nombreux et recherchés. — En regard de cette conversation placez donc le compte rendu des séances du conseil municipal de Paris !... Le flambeau de la liberté et de la civilisation s'éteindrait-il chez nous, pour se rallumer dans l'Orient, d'où nous était venue la lumière, que nous n'aurions pas su conserver ?...

C'était la fête de saint Antoine de Padoue, patron de

l'église qui porte ce nom ; nous entendîmes, dans cette église, un magnifique office présidé par l'évêque de Constantinople. La messe solennelle et à grand orchestre de *Mercadante* y fut magistralement chantée devant une très nombreuse assistance, par des artistes d'un véritable mérite.

L'après-midi fut consacré à l'excursion des murs. Partis en voiture de notre hôtel, nous passâmes le pont de la Sultane Validé, et traversâmes, du nord au sud, le Stamboul d'aujourd'hui, la vieille ville à laquelle Constantin donna son nom, en y fixant sa résidence, 300 ans après J.-C. En dehors de la ville, on se trouve sur une chaussée empierrée, très mal entretenue, que nous pouvons appeler chemin de ronde. Cette chaussée est bordée, d'un côté par un cimetière ou *champ des morts*, immense, planté de cyprès, qui s'étend dans toute la longueur de la ville, de l'autre par les fameuses murailles édifiées au sixième siècle par l'empereur Justinien. Ces murailles, imposantes par leur étendue, depuis la pointe du Sérail jusqu'au fond de la Corne-d'Or, le sont plus encore par leur élévation, par leur épaisseur, par leur triple rangée, que séparent des fossés à demi comblés. L'antique Constantinople avait donc pour défense extérieure, du côté de la Propontide, trois lignes concentriques de hautes murailles encore debout, mais dans un état inégal de conservation. Les unes sont tout entières, magnifiques dans leur superbe hauteur et couronnées de leurs créneaux ; les autres, plus ou moins écroulées, forment de pittoresques amoncellements de ruines, à côté desquelles s'élèvent, de place en place, d'énormes tours, dont quelques-unes sont, elles-mêmes, à moitié renversées, dont quelques autres, restées intactes, ont résisté aux efforts, aux attaques de tant d'ennemis, de tant d'assiégeants, depuis les Perses et les Arabes, au septième siècle, jusqu'à Mahomet II, au quinzième. Ces tours, différentes par leur élévation, par leur degré de conservation, ne le sont pas moins par leur forme : il y en a de rondes, de carrées, d'octogones; quelques-unes sont plus ou moins couvertes de végétaux parasites qui, nés à leur base, dans les fossés qu'ils encombrent, ont grimpé jusqu'à leur sommet. Parmi ces tours, il y en a sept réunies, agglomérées, c'est le *château des sept tours*, autrefois forteresse imprenable, aujourd'hui prison d'État. Ces tours robustes et colossales qui ont survécu à tant de siècles et à tant d'événements, ces fossés que les musulmans, en 1453, sont enfin parvenus à franchir, cette triple ligne de murailles qui se prolongent si loin dans l'espace, sont d'un aspect saisissant et grandiose. Nous avons suivi d'une extrémité à l'autre toute cette longue et magnifique perspective. Chemin faisant, nous nous sommes arrêtés pour visiter une église du sixième siècle, devenue mosquée, dont les murs sont encore tapissés d'admirables mosaïques sur fond d'or, véritables merveilles conservées presque dans leur intégrité primitive. Sur la face septentrionale de la ville, les murs sont dans une ruine à peu près complète, et même on ne les trouve plus que dans la partie la plus reculée de la Corne-d'Or, où ils servent d'appui aux maisons du quartier des Juifs et du quartier des Grecs.

Nous l'avons déjà dit, nous étions à Constantinople pour la seconde fois ; nous y étions venus, une première fois, il y a vingt ans, en 1867; le premier volume des *Vacances d'un Médecin* rend compte de ce premier voyage, que nous avons fait avec le docteur Ameuille, et CELLES que la Providence n'a pas voulu nous laisser ni à l'un ni à l'autre !.....

Si dans ce second voyage nous avions eu le plaisir d'avoir encore pour compagnon de route notre savant ami, il eût, comme nous, retrouvé tout son enthousiasme d'il y a vingt ans, à la vue du Bosphore et de la Corne-d'Or. Mais quels changements il aurait, ainsi que nous, constatés dans Constantinople ! A cette époque, il n'y avait pas de voitures dans cette grande ville; de Galata à Péra les pentes étaient si raides qu'il fallait les gravir par des escaliers, ou les grimper à pied ou à cheval; les colis n'y parvenaient que sur le dos de ces vigoureux portefaix turcs ou maltais, appelés *Hammals*. Dans les rues supérieures de Péra, on voyait seulement quelques rares *talikas*, voitures d'apparat, peintes et dorées, de style Louis XIV, à l'usage exclusif des grandes dames, qui s'y tenaient blotties et voilées.

Aujourd'hui les *talikas* ont disparu; mais les voitures de charge et de course circulent partout; Galata et Péra ont leurs places de fiacres; de nouvelles rues larges et à pentes douces ont été ouvertes, et les tramways qui existent maintenant dans toute l'Europe, et que nous avons vus en Norvège, en Suède, en Danemark, en Grèce, en Sicile et jusqu'en Tartarie, y circulent aussi facilement qu'à Paris, à Rome, à Saint-Pétersbourg, à

Moscou, à Vienne et à Berlin. Galata et Péra sont, en outre, en communication plus rapide et plus directe par un chemin de fer funiculaire, semblable à ceux qui, à Lyon, relient *Fourvières* et la *Croix-Rousse* aux quartiers d'en bas.

Notre excellent ami, avec lequel nous n'avons pu faire, il y a vingt ans, le tour des murs qu'en bateau d'abord et à cheval ensuite, l'eût fait cette année, comme nous, dans une bonne calèche; les rues de Stamboul étant devenues elles-mêmes accessibles aux voitures, il aurait été frappé des agrandissements de Thérapia et de Buyuck-d'éré, délicieux villages, peuplés maintenant d'une multitude d'habitations nouvelles et de l'aspect le plus élégant. Il y aurait regretté de ne pouvoir pas assister, comme il y a vingt ans, aux bizarres exercices des *Derviches tourneurs et hurleurs*, momentanément suspendus à cause de la coïncidence du Ramadan; en revanche, il aurait pu voir, en raison même et par le fait de cette coïncidence, le soir, toutes les mosquées illuminées, et les minarets étincelants de lumières, jusque dans leurs galeries supérieures.

BROUSSE — SMYRNE

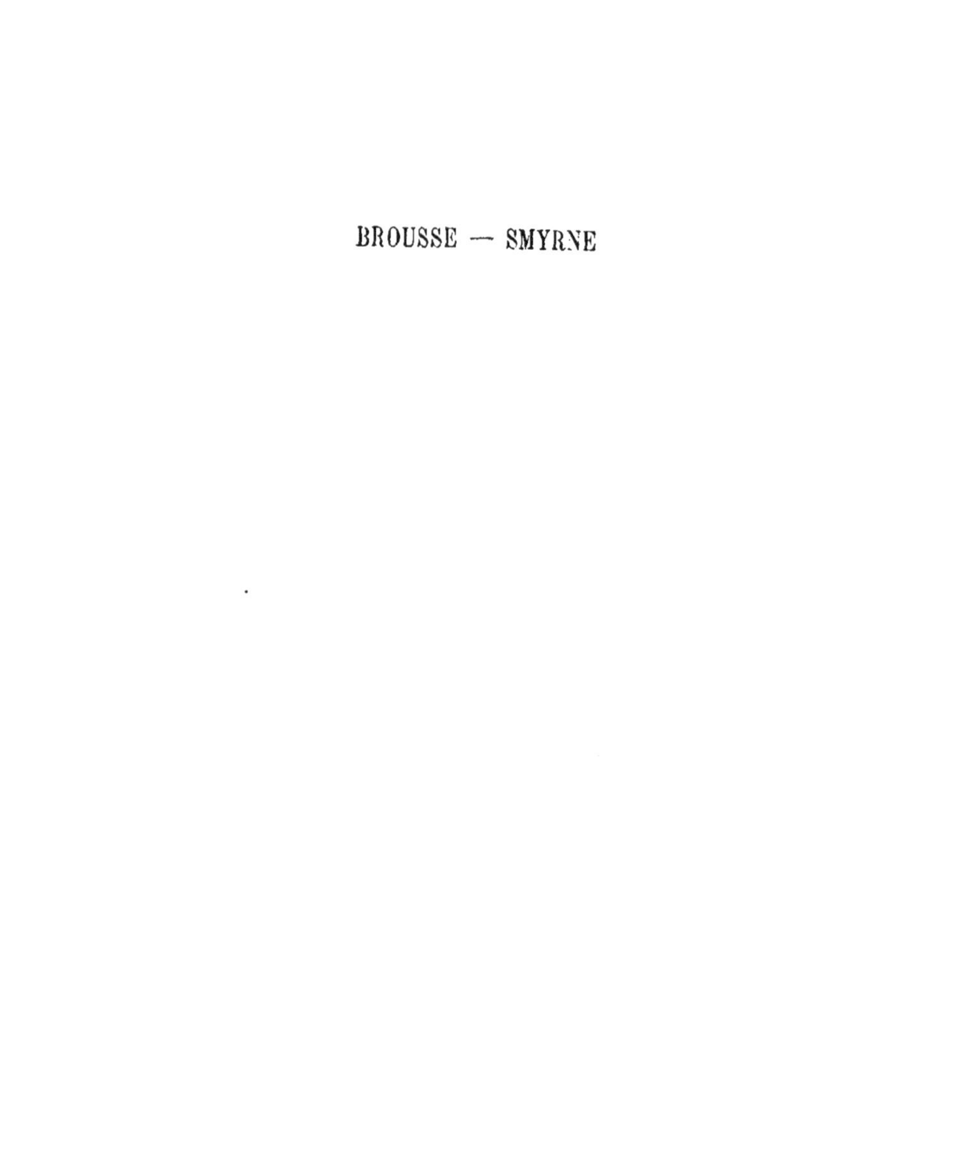

BROUSSE — SMYRNE

Le mardi, 14 juin, à 9 heures du matin, nous montons à bord du bateau de *Brousse;* nous doublons la pointe du Sérail, et laissant derrière nous Scutari et le cimetière des Anglais, à notre gauche Kadikeuil, et plus loin les îles des Princes, nous voguons en pleine Propontide; le temps est admirable ; l'air, d'une pureté diaphane ; la mer et le ciel, du même bleu d'azur ; les coupoles et les minarets de Stamboul disparaissent peu à peu dans le vague lointain de l'horizon ; nous ne voyons plus que la mer ; c'est le moment de déjeuner. Notre drogman *Léonidas Nicolaïdis* a tout prévu et pourvu à tout.

Ce jeune Grec ne nous a pas quittés depuis six jours ; du matin au soir il est à nous : à pied, en bateau, en voiture, dans les mosquées, dans les bazars, sur le bosphore ; il n'a pas cessé d'être à nos côtés, organisant nos excursions, dirigeant nos démarches. Dictionnaire vivant et ambulant, il sait tout, nous explique tout, nous donne le nom et la raison de toutes choses. Il a visité tout l'Orient, la Perse, le Caucase, la Terre-Sainte, la Syrie, l'Égypte ; il y a conduit des Russes et des Anglais, il voudrait nous y conduire aussi, et il nous offre ses services pour nous ramener à Paris, par l'Asie Mineure, la Grèce, l'Italie, qu'il connaît sur le bout de son doigt; et, à l'automne prochain, il nous propose de nous faire remonter le Nil jusqu'à la seconde cataracte.

En attendant, il improvise une table sur le pont du bateau, et il y range, en bon ordre, des provisions apportées par lui de Constantinople, et soigneusement emmagasinées dans un vaste panier. Jambon, volaille, œufs durs, cerises et abricots, vin de l'archipel, eau fraîche et limpide; en faut-il davantage pour un excellent déjeuner? Ce n'est pas seulement un drogman que nous avons en Léonidas Nicolaïdis, c'est encore un domestique de bonne maison, un maître d'hôtel raffiné; la serviette sous le bras, il voltige, papillonne autour de nous, nous verse force rasades, aiguillonne notre appétit, et quand tout est bien fini, de sa voix la plus sonore, il crie : *cafedji!...* Aussitôt un domestique du bord apparaît, tenant d'une main une longue baguette à laquelle est emmanchée une sorte de cupule ou de godet métallique, et de l'autre un petit plateau, avec trois petites tasses lilliputiennes, trois tasses d'enfant, de poupée : c'est le *cafedji* demandé ; c'est le café comme on le prend à Constantinople et dans tout l'Orient. Sur les ponts, dans les rues, sur les bateaux, partout on entend crier : *cafedji, cafedji!* En visite, à peine est-on assis, quelle que soit l'heure de la journée, et sans même qu'il vous ait été offert, on vous apporte le *cafedji.* Il y a vingt ans, à l'hôpital du Sérail, à la clinique du professeur Karathéodory, on s'empressa de nous le servir, à mon ami Ameuille et à moi ; et avant-hier, on nous le servait encore chez M. Cuinet. Ce *cafedji*, qui joue un si grand rôle en Orient, diffère essentiellement de notre café.

Ce n'est pas, comme chez nous, une infusion soigneusement filtrée ; c'est une décoction dans laquelle est resté le marc : décoction épaisse et grenue, sorte de café semoule, qui a parfaitement conservé son arome et son bouquet.

Le *cafedji* ne se prend qu'à très petites doses, dans des tasses minuscules et enfantines : aussi on y revient souvent, à toutes heures et partout. C'est, du reste, une boisson, non seulement agréable, mais essentiellement hygiénique et appropriée aux circonstances ; astringente et tonique, elle modère la transpiration, et empêche l'affaissement que produirait la chaleur continue d'un climat brûlant. De plus, par ses propriétés fortifiantes, elle supplée à l'action reconstituante des alcooliques, défendus par la loi de Mahomet. Il faut croire que Léonidas Nicolaïdis éprouve un bien impérieux besoin de réagir contre les influences débilitantes du climat, car il ne cesse, à nos frais, bien entendu, de humer le *cafedji;* et comme ce fils de l'Orient n'a rien à démêler avec les préceptes du Coran, il ne se fait aucun scrupule d'y adjoindre de fortes rations de *mastic*, alcoolat d'absinthe et d'anis, dont nous avions fait la connaissance au Boulgourlou, et qui ne nous avait inspiré aucune sympathie.

Après quatre heures de navigation, nous débarquons à *Moutadia*, petite ville de l'Asie Mineure. Sur un signe de Léonidas Nicolaïdis, une voiture accourt et nous partons..., le pays est splendide : c'est une succession de collines aux larges horizons, et de vallées fertiles. Nous passons au milieu de champs d'amandiers, de figuiers, d'oliviers et de vignes en berceaux. Après trois heures d'une course rapide, nous nous arrêtons, pour abreuver nos chevaux, et prendre le *cafedji*, sous d'énormes chênes, qui abritent un caravansérail, où de nombreux voyageurs se reposent à la fraîcheur ; il y a là plusieurs voitures, des chevaux, des ânes et des mulets, des femmes voilées et vêtues de longues étoffes blanches; de loin, on dirait des mariées, ou des premières communiantes ; et des hommes, dont quelques-uns portent à la ceinture des pistolets et des poignards. Nous exprimons à Léonidas Nicolaïdis quelques appréhensions ; ces hommes nous semblent suspects, et la route, nous avait-on dit, n'était pas sans dangers ; il nous rassure et répond de tout. Nous repartons.... Nous sommes en *Bithynie*, province nord-ouest de l'*Anatolie;* une chaîne de hautes montagnes se dessine à l'horizon : l'une d'elles, plus élevée que les autres, est couronnée de neige et de glace, c'est le mont *Olympe de Bithynie.* Ses pentes sont couvertes de la plus luxuriante végétation, et la ville de *Brousse* est étagée à sa base ; nous y arrivons à sept heures du soir.

Les rues sont bordées, à droite et à gauche, de fleurs et de verdure; notre voiture nous dépose devant un beau jardin en terrasse; on y monte par plusieurs marches, et nous lisons, au-dessus de sa porte: HOTEL D'ANATOLIE ; un jet d'eau s'élance et retombe agréablement, entre des massifs d'orangers, de verveines, de géraniums et de lauriers-roses. La maîtresse de l'hôtel, *madame Brotte*, Française de quarante-cinq ans environ, d'un extérieur avenant, d'une figure sympathique, nous accueille de la meilleure grâce et nous introduit dans des appartements bien tenus, et meublés avec goût. Du balcon de l'hôtel, nous promenons nos yeux sur de verdoyantes et plantureuses campagnes, arrosées par des ruisseaux qui, de tous côtés, descendent de la montagne. Le coucher du soleil embrase l'horizon; ses lueurs ardentes s'infiltrent et brillent à travers le feuillage; on dirait un incendie dans une forêt. Au dîner, d'aimables convives sont réunis autour d'une table bien servie; en voyage en terre étrangère, la connaissance est bientôt faite; on se lie bien vite, surtout quand on est du même pays. Nous avions à côté de nous, pensionnaire dans le même hôtel, le consul de France, *M. Giamarchi*, corse de naissance, et depuis six ans, représentant la France à Brousse. C'était un homme jeune, distingué, d'une imagination vive, d'un cœur chaud, heureux, nous disait-il, de voir des Français, et nous, heureux aussi de rencontrer un compatriote, de bonne compagnie, instruit et tout disposé à nous donner les plus intéressants détails sur le pays que nous visitions.

Rien de plus misérable, nous disait-il, que le sort des femmes turques; natures ignorantes, dégradées, abâtardies, vivant d'une existence toute animale, dans leur maison, d'où elles ne sortent presque jamais; passant leurs journées sans travail, dans l'oisiveté, dans une incurable mollesse; n'ayant pas d'autre occupation que leur toilette; s'amusant comme des enfants à se parfumer, à se couvrir de bijoux, de riches étoffes. Elles ne comptent pour rien, elles ne tiennent aucune place dans la vie sociale; elles se reçoivent quelquefois les unes les autres; quant aux hommes, elles ne les voient jamais; elles restent impénétrables à leurs regards, et quand elles sortent, ce n'est que voilées. Le bain est leur grande distraction; il y a, à Brousse, des eaux minérales sulfureuses, on les y conduit, à des heures qui leur sont exclusivement réservées. La polygamie tend à disparaître; le plus souvent, un mari n'a qu'une seule femme, mais la femme, quoique seule au foyer conjugal, n'en est ni plus soigneuse d'elle-même, ni plus à la hauteur de sa mission de mère et d'épouse.

Le pays, naturellement très productif, est parfaitement cultivé; un soleil ardent et l'eau qui découle en abondance des montagnes y entretiennent une végétation magnifique; Brousse a 90,000 habitants, de superbes jardins; Abd-el-Kader y a vécu, de 1852 à 1855. 30,000 moutons, appartenant au Sultan, et conduits par 700 bergers, paissent sur le mont Olympe. En général, les routes ne sont pas sûres, il ne serait pas prudent de s'aventurer, seul et sans armes, d'un pays à un autre, dans cette partie de l'Asie Mineure.

C'est ainsi que se passaient, en intéressantes causeries, nos repas, dans ce charmant petit hôtel d'Anatolie. La table y était abondamment pourvue de glace, apportée, chaque matin, du sommet de l'Olympe, où elle existe en blocs énormes, qu'il faut détacher et diviser en fragments, par la scie et par la pioche.

Le 15 juin, dès le matin, nous sommes en voiture. Comme dans les pays chauds, en Espagne par exemple, les rues sont mises à l'abri du soleil; quelques-unes sont tendues de toiles, mais, le plus souvent, elles sont transformées en berceaux, en tonnelles de vignes ou de glycines; on passe ainsi délicieusement sous des voûtes de verdure et de fraîcheur, qui laissent pendre et se balancer dans l'espace des grappes de raisin, ou de belles fleurs des teintes violacées les plus tendres. Sur les places, et en particulier devant les mosquées, on trouve des arbres, des platanes surtout, d'une grosseur et d'une hauteur prodigieuses. Jamais nous n'avions vu d'arbres d'un développement aussi extraordinaire. Les chênes de la forêt de Fontainebleau, le fameux chêne de la forêt de Compiègne, dont les voitures s'amusent à faire le tour; le *gros arbre* de Saint-Julien auprès de Troyes, plus remarquable, plus élancé, et d'un port plus majestueux que les chênes de Compiègne et de Fontainebleau, ne sont que de vulgaires végétaux, à côté des incomparables platanes de Brousse. Des places que ces arbres monstrueux couvrent de leur gigantesque ombrage, on jouit d'un panorama splendide sur la ville, sur ses quartiers inférieurs, sur ses mosquées, sur ses jardins échelonnés au milieu d'îlots de maisons dont quelques-uns semblent inaccessibles, tant ils sont haut perchés sur le versant de la montagne. La situation de Brousse est donc éminemment pittoresque, et son aspect d'un charme et d'une variété de tons que l'on ne se lasse pas d'admirer.

La mosquée principale, dite *mosquée verte*, à cause de

la couleur verte de ses murs à l'extérieur, est un monument très intéressant, autant par ses vastes dimensions et par la singularité de ses conceptions architecturales, que par la richesse de son ornementation intérieure. En outre de deux grands minarets, elle a vingt et une coupoles. Sous la coupole la plus élevée, au centre de l'édifice, on est tout étonné de voir une fontaine jaillissante; la colonne d'eau qui s'en échappe retombe de ses vasques de marbre, avec un bruit retentissant, dans un large bassin circulaire tout rempli de poissons. Le *Mirhab* est rehaussé d'un grand luxe de décorations, et la lumière est tamisée par de beaux vitraux; une vue de la Mecque et du tombeau de Mahomet est représentée sur un des panneaux. Mais, ce qu'il y a de plus remarquable, ce sont les admirables carreaux de faïence émaillée et cloisonnée d'or, d'origine persane, qui tapissent une partie des murs. La peinture de ces carreaux, la douceur de leur coloris, l'habile agencement de leurs nuances et de leurs cloisons d'or sont d'un charme inexprimable.

Non loin de cette mosquée, se trouvent, sur une immense place et à l'ombre de merveilleux platanes, une douzaine de *turbés* ou tombeaux, monuments isolés les uns des autres, de formes rondes, hexagonales ou octogonales ; les portes en sont soigneusement fermées, on n'y entre qu'avec un gardien, les pieds nus, ou en chaussure spéciale. C'est là que reposent les plus célèbres sultans. Nous avons visité successivement les tombeaux du sultan Mahomet Ier, le créateur de la marine turque, le vainqueur sur mer des Vénitiens, mort en 1421 ; du sultan Mustapha, qui repoussa victorieusement, au dix-septième siècle, les flottes anglaise et moscovite; du sultan Osman Ier, fondateur des Osmanlis, et de son fils le sultan Orkhan, qui s'empara de Brousse en 1326, et en fit la capitale de l'empire ottoman. Tous ces tombeaux se ressemblent; ce sont de petits temples circulaires, voûtés, et dont les murs sont revêtus à l'intérieur de splendides carreaux de faïence de Perse, émaillée et cloisonnée d'or, les plus belles faïences du monde, que la manufacture de Sèvres s'efforce d'imiter. Le milieu du temple est occupé par le cercueil du sultan, couvert d'une luxueuse étoffe de l'Inde, de soie ou de velours, tissée d'or et de pierreries, et surmonté du turban qui ceignait habituellement sa tête. Autour de ce cercueil, il y en a plusieurs autres tout aussi beaux, mais plus petits et moins élevés, ce sont ceux des femmes et des enfants du sultan. Mustapha a voulu être enterré à ciel ouvert, afin que la pluie tombant sur son corps fût pour lui comme une perpétuelle ablution; il est donc couché dans un cercueil de marbre sans couvercle; sur la terre qui le recouvre poussent des herbes qu'arrose la pluie, à laquelle donne passage une large baie pratiquée dans la voûte.

Les environs de Brousse sont du plus ravissant pittoresque; pendant plusieurs heures, nous suivîmes, en dehors de la ville, un chemin tracé à différentes hauteurs sur le versant du mont Olympe, et ce chemin nous ménageait, à chaque instant, les plus magnifiques prespectives. C'étaient tantôt des allées ombreuses et solitaires, rafraîchies par des eaux courantes, et tantôt de vastes horizons accidentés par des jardins, des minarets, des coupoles et par la ville entière, qui descendait à nos pieds. Nous fîmes halte, pour prendre le *cafedji*, sous un de ces platanes fabuleux qui nous faisaient rêver aux temps héroïques, aux Titans, aux Cyclopes, à Briarée, à Polyphème, aux mammouths et à tous les géants d'autrefois. Il y avait là, sous ce même arbre, prenant aussi le *cafedji*, un indigène superbe, un homme dans la force de l'âge, taillé en hercule, un type de vigueur, de crânerie, de prestance fière et martiale, la tête ceinte d'un turban, deux pistolets et un poignard à la ceinture. Était-ce quelque forban? était-ce quelque janissaire? Non, — c'était, nous dit Léonidas Nicolaïdis, le garde champêtre! — Forban, janissaire ou garde champêtre, qu'importe, l'homme et le végétal étaient dignes l'un de l'autre.

Brousse est renommée pour ses fabriques de soieries; nous visitâmes un immense atelier, où des centaines de femmes, turques, arméniennes, toutes un bouquet de fleurs naturelles dans les cheveux, étaient occupées au dévidage des cocons.

Nous n'avons certes pas manqué de voir les sœurs de Saint-Vincent-de-Paul, il y en a sept; elles nous ont reçus dans leur communauté avec une joie qui nous a vivement touchés; exilées loin de leur patrie, sur une terre étrangère, car elles sont toutes Françaises, elles étaient heureuses de recevoir des Français. Elles ont un pensionnat de cent cinquante jeunes filles turques, dont elles font l'éducation, auxquelles elles apprennent le français. Si la femme turque, actuellement si dégradée, peut être régénérée, si notre langue est connue et parlée en Orient, en Asie Mineure, mieux que dans n'importe quel pays de l'Europe, si la France est aimée et respectée dans ces contrées éloignées, si elle y jouit d'un prestige incontestable, le mérite en revient certainement, et en très large part, à ces congrégations d'hommes et de femmes que nous expulsons, et qui n'en sont pas moins les véritables et les plus habiles pionniers de notre civilisation !

M. Giamarchi, le consul de France, notre aimable commensal, voulut bien nous offrir de nous faire entrer le soir dans la grande mosquée, pendant les cérémonies du Ramadan, sous la protection de son *Cawas*. Nous acceptâmes avec empressement cette proposition très attrayante, bien que peut-être un peu risquée, et le soir même, après le dîner, vers neuf heures, nous partions en voiture pour la mosquée. La nuit était close : le fidèle Léonidas Nicolaïdis monte sur le siège, et le *Cawas* à côté de nous. Le *Cawas* du consulat, avec ses armes et ses insignes, c'était la France elle-même nous couvrant de son égide et nous rendant inviolables.

Les deux minarets étincelaient, à leur sommet, d'une double couronne lumineuse; la grande place, illuminée elle-même, était remplie d'une foule bruyante; les femmes, qui n'ont jamais le droit de franchir le seuil de la mosquée, étaient réunies dans une cour extérieure, appelée le *Harem*. Quant à nous, après nous être affublés de la chaussure musulmane, nous entrâmes avec notre escorte, et nous nous assîmes tout près de la porte sur un banc adossé au mur, le *Cawas* auprès de nous.

Chers lecteurs, comment vous décrire l'étrange cérémonie dont nous fûmes témoins? notre récit, bien pâle, ne saura vous en donner une idée.

La mosquée est éclairée dans toute sa vaste étendue par des centaines de petites lampes suspendues à la voûte. Le bruit monotone de sa fontaine jaillissante se répand jusqu'aux extrémités de ses larges nefs. Trois mille Turcs, tous pieds nus, tous le fez sur la tête, sont là, divisés en petits pelotons de trente hommes chacun; tous ces pelotons sont parfaitement alignés; les hommes s'y tiennent en file régulière, droits, raides, impassibles; on dirait des soldats à l'exercice; et tous, détail trivial sans doute, mais exact, ont le petit doigt sur la couture de la culotte. Les pelotons sont espacés, les uns des autres, de 5 à 6 mètres, dans tous les sens, et répartis partout, de tous les côtés, dans toute la longueur et dans toute la largeur de la mosquée; il y a au moins cent pelotons, si, comme nous le pensons, trois mille hommes au moins sont présents. Le *Mufti* est en chaire, et chante les prières, d'une voix glapissante, qui rappelle un peu le miaulement du chat. A certaines intonations, quand le miaulement devient plus aigu, les trois mille hommes, instantanément, tous à la fois, d'un même mouvement automatique, et comme s'ils obéissaient à l'impulsion d'un même ressort, se courbent profondément et restent inclinés, sans remuer, jusqu'à ce que le miaulement change de ton; alors, comme s'ils avaient subi la même secousse électrique, les trois mille corps se redressent tous en même temps, et redeviennent fixes, raides et droits comme auparavant. Le mufti continue les prières; soudain sa voix change de manière, elle est sourde, gutturale, lamentable, navrante, comme le beuglement d'un jeune veau. Et voilà qu'alors, tout à coup, on entend un bruit singulier... VRRRRAN!... les trois mille hommes tombent, se précipitent à genoux, la face contre terre, la tête en bas, la partie inférieure du dos en haut, en relief et saillante!... Voyez-vous le tableau? Vous figurez-vous ces trois mille saillies?... cet ensemble? ce panorama d'ondulations humaines?... Cette posture, à l'unisson, de trois mille individus, qui vont tous se relever, se redresser comme un seul homme, et l'instant d'après se courber en deux, retomber encore, s'effondrer de nouveau, la tête en bas, les reins en l'air, et continuer ainsi, toute une soirée, cette incroyable gymnastique?...

Le lendemain matin, 16 juin, à quatre heures, nous partons. C'est avec regret que nous quittons cette pittoresque et plantureuse ville de Brousse, ce charmant petit hôtel d'Anatolie, ce bouquet de fleurs et de verdure où l'on a si bon accueil, si bonne table et si beaux horizons, où l'on respire de si suaves parfums, où le murmure des eaux jaillissantes et courantes se mêle au chant des oiseaux et à toutes les brises de l'air. Si Brousse n'était pas si loin de Paris, nous aimerions y revenir souvent, et nous y reposer dans l'aimable hospitalité de madame Brotte, que nous plaçons dans nos souvenirs de voyages, à côté de la gracieuse dame Poulard, du mont Saint-Michel, et de l'excellent M. Guigre de Hof Ragatz.

A neuf heures, nous étions de retour à Moutadia, et à deux heures, dans la Corne-d'Or. Une agréable surprise nous y attendait : à peine étions-nous descendus de notre paquebot de Brousse, pour gagner dans une barque l'*Apollo*, du Lloyd autrichien, en destination de Smyrne, que parmi le tumultueux essaim de toutes les barques encombrant les alentours et obstruant les abords de ce dernier et immense paquebot, nous en apercevons une dans laquelle se passait un phénomène bizarre : un monsieur, debout à l'avant, gesticulait de la manière la plus expressive, agitait son chapeau, exécutait les mouvements les plus significatifs pour attirer notre attention, et sa barque s'efforçait, parmi toutes les autres, qui lui barraient le passage, d'atteindre la nôtre. Au milieu de tout ce pêle-mêle, de toute cette bagarre, Pauline reconnaît ce monsieur: c'est le frère d'une Dame de Saint-Denis, d'une de ses anciennes compagnes, madame Herbart. Arrivé le matin même de Paris, il avait pour nous les lettres les plus affectueuses et les meilleures choses à nous dire de toutes les personnes que nous aimons. Nous montâmes ensemble sur le pont de l'*Apollo* : nos colis que nous avions laissés à notre hôtel de Péra y avaient été fidèlement apportés; tout était au mieux. Nous primes, avec une certaine émotion, congé de Léonidas Nicolaïdis, notre guide intelligent et dévoué, avec lequel nous avions vu tant de belles choses et fait de si magnifiques excursions. A quatre heures, la vapeur siffle, l'*Apollo* va lever l'ancre, il faut se séparer, M. Herbart allant au Caucase, et nous à Smyrne.

A six heures du soir, en pleine mer de Marmara, quand déjà la tour du Sérail et du Séraskier, les minarets et les coupoles de Sainte-Sophie, du sultan Achmet et du Solimanié, s'effaçaient peu à peu à l'horizon, la cloche du bord sonna le dîner. Nos yeux ne pouvaient plus rien apercevoir de cette ville, unique au monde, si merveilleuse, si fantastique dans son aspect extérieur, si intéressante, si extraordinaire dans ses monuments, dans la variété de ses costumes, dans la physionomie de ses quartiers ; toute cette magie de l'Orient avait disparu ; il n'y avait plus rien que le ciel et l'eau ; nous descendîmes à la salle à manger.

Notre nouveau paquebot, l'*Apollo*, ne le cédait en rien à l'*Aurora*, qui nous avait amenés à Constantinople : dimensions énormes, aménagement luxueux, propreté exquise, table parfaite, service soigneusement organisé. La compagnie du Lloyd autrichien, dont nous avions visité, deux ans auparavant, le siège principal et les immenses chantiers de construction, à Trieste, réalise dans ses paquebots tout ce que l'on peut désirer en fait d'hygiène, de bien-être et de confortable.

Pendant la nuit, nous nous engageâmes dans le détroit des *Dardanelles*, l'ancien *Hellespont*, canal de 15 à 18 lieues de longueur, qui sépare l'Europe de l'Asie, et fait communiquer la mer de Marmara avec l'Archipel, ou mer Egée. A quatre heures du matin, nous nous arrêtons devant *Gallipoli*, ville turque de 20,000 âmes, sur la côte européenne du détroit. Nous y trouvons de poignants et ineffaçables souvenirs. C'est là que, pendant la guerre de Crimée, en 1854-1855, débarquèrent, ensemble peut-être, le frère aîné de ma chère Pauline, brillant officier, capitaine adjudant-major, qui devait trouver une mort glorieuse à l'assaut de la tour Malakoff, et mon frère Alexandre, chirurgien de marine, engagé volontaire à bord du *Duperré*, qui devait, lui aussi, payer de sa vie son courage et ses fatigues, en contractant la fatale maladie à laquelle il ne pouvait pas longtemps survivre.

Un peu plus loin, le canal se rétrécit et n'a plus qu'une demi-lieue de largeur ; à son embouchure dans la mer Egée, il est défendu par les deux villes fortes des Dardanelles, situées, en regard, l'une sur la côte d'Asie, l'ancienne *Abydos*, l'autre sur la côte d'Europe, l'ancienne *Sestos*. Comme il y a vingt ans, devant *Abydos*, on nous offre des potiches semblables à celles dont autrefois nous avons rapporté deux spécimens ; c'est là que Xerxès, roi des Perses, 480 ans avant Jésus-Christ, jeta son fameux pont de bateaux, sur la mer, pour y faire passer toute son armée d'un million d'hommes ; c'est de là, de cette même Abydos, que *Léandre* gagnait, toutes les nuits, la rive opposée, pour aborder à Sestos et y voir *Héro*, la belle prêtresse de Vénus qu'il aimait ; et c'est là que lord Byron, l'illustre auteur du *Pèlerinage de Child-Harold*, de *Marino-Faliero*, de la *Fiancée d'Abydos*, réussit, quoique boiteux de naissance, à traverser à la nage les flots qui avaient englouti les deux amants.

Toute la journée (17 juin) se passa très agréablement à naviguer dans l'archipel ; le temps était splendide, le ciel aussi calme et aussi bleu que la mer. Nous avions avec nous le consul général de Perse à Smyrne, M. *Ohanès Khan;* le drapeau persan flottait, en son honneur, au grand mât. C'était un homme distingué, parlant très bien français, d'une conversation sémillante; il nous raconta que bien que n'étant pas catholique, il avait, pendant le dernier carême, suivi, à Smyrne, avec enthousiasme, toutes les prédications du père Ollivier. L'éloquence du célèbre dominicain avait soulevé la ville de Smyrne, et quoique les hommes et les femmes eussent des sermons séparés, les églises étaient toujours trop petites, il fallait y arriver une heure à l'avance pour y trouver place. Nous étions heureux d'entendre, en plein archipel, dans les parages des îles de Ténédos, de Lemnos, et de la bouche d'un Persan, l'éloge d'un orateur sacré dont nous avons été, pendant plusieurs années, à Saint-Roch, les assidus auditeurs.

Vers le soir, l'*Apollo* jeta l'ancre devant l'île de *Mételin*, l'ancienne *Lesbos*, la patrie de Sapho. Nous prîmes, M. Dufrénoy et moi, un canot dans lequel descendirent avec nous deux pères franciscains, nos compagnons de voyage, depuis Constantinople, et nous allâmes à terre. Le signalement d'un paquebot est un événement dans ces îles peu visitées; les habitants s'empressent alors de sortir et d'aller au port. Aussi plusieurs personnes attendaient notre canot, et à peine en étions-nous débarqués, que nous étions salués et accueillis avec un cordial empressement par le consul de France, M. *Astima*, et par un avocat indigène, du nom de *César Pinto*.

Ces deux messieurs se mirent très gracieusement à notre disposition. Nous accompagnâmes tous ensemble les franciscains à leur couvent, attenant à l'église catholique, qu'ils desservent, et que nous visitâmes avec eux ; après quoi, nous fîmes, sous la conduite de nos deux aimables insulaires, la plus intéressante promenade. Nous étions à *Mételin*, la capitale de l'île ; c'est une ville de 12,000 âmes, qui s'élève en amphithéâtre sur le bord de la mer ; ses rues sont étroites et mal bâties. La température la plus basse de l'hiver est de 6 degrés au-dessus de zéro ; en été, il y fait habituellement de 32 à 36 degrés de chaleur. L'île appartient aux Turcs ; sa population totale est de 120,000 habitants. Elle produit de la vigne, des oliviers, des orangers. Elle est accidentée, entrecoupée de montagnes et de vallées ; aussi, de la mer, son aspect est très pittoresque. Nous gravîmes les pentes d'un boulevard bordé de charmantes habitations, et de jardins plantés de myrtes, d'orangers et de lauriers-roses. Sur le perron d'une de ces villas, dont la riante perspective, de jardins en jardins, descend jusqu'à la mer, était réunie toute une famille, avec laquelle nous échangeâmes des saluts, et que nous devions, quelques instants plus tard, retrouver sur l'*Apollo*. Le consul et son ami, M. César Pinto, tous deux si obligeants, nous menèrent ensuite sur la place publique, plantée d'arbres ; ils nous y offrirent des fruits et des rafraîchissements, et nous nous assîmes au milieu de trois cents personnes, qui savouraient, comme nous, le charme de la brise, au déclin du jour.

A dix heures du soir, l'*Apollo* reprit la mer, et à notre réveil, à quatre heures du matin (18 juin), un splendide panorama se déroule sous nos yeux : au pied du mont *Pagus*, et du fond d'un golfe immense, peuplé d'une multitude de navires, la ville de Smyrne nous apparaissait, se développant à perte de vue, sur le bord de la mer, tout le long d'un quai bordé de constructions élégantes et monumentales. Il nous fallait quitter l'*Apollo*, pour prendre le *Jupiter*, qui devait partir à midi. Nous n'avions donc que la matinée pour visiter cette grande ville de 200,000 âmes, la plus considérable de l'Asie Mineure. Aussitôt les formalités de douane remplies, et le transbordement de nos colis, de l'*Apollo* sur le *Jupiter*, effectué, nous primes, sans perdre de temps, une voiture et un guide.

Ce qui frappe tout d'abord, en arrivant à Smyrne, c'est l'importance commerciale de son port, encombré, sillonné par une quantité innombrable de barques, de canots, de navires à voiles, de paquebots à vapeur, de toutes les dimensions et de tous les pays ; tous les pavillons du monde y flottent au vent. Sur le grand quai de débarquement, on pourrait se croire dans une ville maritime française de première ordre, à Marseille, au Havre ; des édifices modernes et luxueux, de riches maisons particulières, des entrepôts de marchandises, des hôtels, des cafés, des banques, des théâtres, des restaurants, des administrations commerciales, municipales et politiques, se profilent en ligne droite, et régulière, dans une étendue de plus de 4 kilomètres. Dans la journée, ce quai magnifique est un centre d'activité fiévreuse, un va-et-vient, un entre-croisement continuel de tramways, de chariots chargés, de voitures légères de toutes sortes; le soir, c'est la promenade publique, le rendez-vous de la population, qui s'y porte en foule, pour jouir de la fraîcheur de la mer.

Pénétrons maintenant dans l'intérieur de la ville; ici la scène change: c'est un monde nouveau, et de tout autre aspect; ce n'est plus ni le Havre ni Marseille, c'est l'Orient, c'est l'Asie. Voici des rues étroites, des maisons basses, dont les jardins sont plantés d'orangers et de lauriers-roses; voici des troupeaux d'ânes et de chèvres conduits par des nègres, à peine vêtus de quelques loques en lambeaux. Voici de longues files de chameaux traversant les grands bazars, où s'étalent les produits, les richesses de l'Orient; ils vont un à un, et balancent au bout de leur long cou, velu, flexible et recourbé, leur tête aplatie, leurs mandibules ruminantes et leur face béate. Le chamelier ouvre la marche, à cheval ou sur un âne, et tous les chameaux le suivent, reliés à lui, et les uns aux autres, par une simple corde qu'il tient à la main : le premier et le dernier de la bande ont une clochette à leur cou; chaque bande est composée de huit ou dix chameaux; et une longue et interminable suite de bandes semblables, défilent devant nous au *pont de la caravane*, sur le Mélès, petite rivière, qui baigne les murs de la ville: ces animaux, ces vaisseaux du désert, étaient chargés de fardeaux, de marchandises; les uns arrivaient, les autres partaient; ils encombraient les galeries des bazars; nous les rencontrions partout; une des rues en était complètement obstruée; ils y bivouaquaient; ils y étaient couchés; pour le passage de notre voiture, le cocher dut les faire lever à coups de fouet; sobres, vigoureux et infatigables, ils sont doux et dociles, et de la meilleure composition; à défaut de formes gracieuses, du moins, leurs attroupements, leurs groupes si nombreux avaient, pour nous, l'attrait de l'originalité et de la nouveauté.

A Smyrne, il y a des gens qui se parent de noms historiques; ainsi nous avons lu, écrits, sur des boutiques, les noms de *Sophocle*, de *Thémistocle*, de *Xénophon*.

La ville, habitée en majeure partie par des Turcs, maîtres de toute cette partie de l'Asie, est divisée en plusieurs quartiers : il y a le quartier grec, juif, arménien, franc ou européen : ce dernier quartier est le plus soigné et le mieux bâti : il est occupé par des Français, des Allemands, des Anglais. Chaque nation a son hôpital particulier. Nous avons visité l'hôpital français, desservi par des sœurs de Saint-Vincent de Paul. La Supérieure nous a fait le plus aimable accueil, et nous a conduits dans toutes les parties de l'hôpital qui pouvaient nous intéresser ; il n'y avait alors que quatre malades, atteints d'affections bénignes. Le jardin nous a émerveillés par ses plantes odoriférantes, par ses orangers, et surtout par ses lauriers roses, véritables arbres, tout couverts de fleurs du coloris le plus magnifique.

En outre des soins qu'elles donnent aux malades, les quinze sœurs de Saint-Vincent de Paul font l'école à deux cent cinquante jeunes filles, auxquelles elles apprennent le français. Quant aux frères des écoles chrétiennes, ils ont plus de mille élèves, de toute nationalité, Turcs, Grecs, Arméniens, auxquels ils enseignent également le français. C'est ainsi que les congréganistes se vengent de l'odieuse, mais plus inepte encore, persécution de notre gouvernement.

Sur le couronnement d'une grande porte, au-dessus de laquelle s'élevaient de belles touffes de lauriers-roses, nous avons lu l'inscription suivante : *Pensionnat des Religieuses de Notre-Dame de Sion.* La France est donc partout en Orient ; elle y déborde avec toute sa sève vitale ; elle y rayonne avec le lumineux éclat de ses croyances et de ses traditions, qui, dans les temps de liberté, avaient fait d'elle la première puissance du monde.

Smyrne possède deux belles et grandes églises catholiques que nous avons visitées ; l'une, la cathédrale, est sous le vocable de l'apôtre saint Jean l'Évangéliste, le fondateur et le chef des églises d'Orient, et le premier Évêque d'*Ephèse*, où il mourut à 94 ans, à la fin du premier siècle ; l'autre est dédiée à son disciple saint Polycarpe, qu'il ordonna Évêque de Smyrne. Ce saint, dont le nom est populaire et vénéré à Smyrne, après y avoir été évêque pendant soixante-dix ans, y subit, vers le milieu du deuxième siècle, à l'âge de 95 ans, un glorieux martyre, sur le mont *Pagus* qui domine la ville, et qui est resté un lieu de pèlerinage très fréquenté.

La matinée s'était trop vite écoulée, il nous fallut revenir au quai, descendre de voiture, et prendre un canot pour aborder le *Jupiter*, qui chauffait dans le port. A midi, la lourde masse de cet immense paquebot du Lloyd autrichien s'ébranla, et fit route pour le Pirée.

ATHÈNES — SALAMINE — ÉLEUSIS — CORFOU

ATHÈNES — SALAMINE — ÉLEUSIS
CORFOU

Le temps ne cessait pas d'être splendide, c'était le plus beau ciel que l'on puisse rêver, sur l'azur des mers de l'Orient; nous voguions en plein archipel des Cyclades, et, de toutes parts, s'élevaient autour de nous des îles et des montagnes; c'étaient tantôt des rochers nus et arides, et tantôt des plages verdoyantes et fleuries, avec des temples en ruines, et des colonnes d'un autre âge, encore debout, sur leurs rivages habités ou déserts. Si les montagnes eussent été plus hautes et les rochers plus abrupts et plus sauvages; si la mer, au lieu d'être bleue comme un saphir, eût été d'un gris de fer; si le soleil, au lieu de resplendir sur un firmament d'une idéale pureté, fût resté voilé sous des nuages opaques; si l'horizon, au lieu d'être diaphane et tout imprégné de lumière, eût été sombre et nébuleux; si l'atmosphère, au lieu d'être toujours chaude, brûlante parfois, mais parfois aussi rafraîchie par une brise délicieuse, eût été toujours froide, humide et glacée, alors nous aurions pu nous croire encore au cercle polaire, dans les fjords de la haute Norvège, et dans les parages des îles Loffoden, dont, trois ans auparavant, en 1884, à bord d'un paquebot qui s'appelait aussi *le Jupiter*, nous admirions les grandioses, mais sévères et sinistres beautés !

Là-bas, c'était le climat hyperboréen, avec son vent du nord, son ciel couvert, ses teintes obscures, incertaines et brumeuses ; ici, ce sont les zones privilégiées du midi, avec leurs lointains lumineux, leurs perspectives translucides et radieuses ; elles ne connaissent que deux saisons : le jour, ce sont les ardeurs de l'été ; le soir et la nuit, les fraîches et bienfaisantes haleines d'un printemps perpétuel et toujours nouveau. Ainsi, à côté des tableaux si gracieux de l'archipel des Cyclades, venaient se placer nos souvenirs de la mer du Nord, des glaciers norvégiens, des côtes de Laponie. Ces rapprochements, ces contrastes, ces comparaisons, ne laissaient une ombre défavorable ni sur les uns ni sur les autres, et les charmes de l'Orient, si ravissants qu'ils fussent, n'enlevaient rien à la Scandinavie de ses imposantes et majestueuses grandeurs. Riante ou sévère, désolée ou épanouie, la nature est toujours belle à qui sait la comprendre.

Les distractions de toutes sortes ne nous manquaient pas ; une famille que nous avions vue dans l'île de Mételin, respirant le frais du soir, sur le perron d'une riche habitation, était à bord avec nous. Le père, grand propriétaire dans l'île, était un homme sérieux, bon catholique, d'une conversation intéressante ; ses deux filles, la plus jeune surtout, de 18 à 20 ans, parlant, comme lui, couramment le français, et sans aucun accent exotique, nous étonnaient, pourquoi ne dirions-nous pas, nous charmaient, par la distinction de leurs manières, leur enjouement du meilleur ton, leur aimable gaieté, et la variété de leurs connaissances historiques, artistiques et littéraires. Pouvions-nous penser que de si gracieuses personnes, d'une piété si vraie, d'une éducation si parfaite, existaient dans l'île turque de Mételin, et que nous aurions la bonne chance de les y cueillir à notre passage?

A 6 heures du soir, nous nous arrêtons à *Chio*, grande île de l'archipel grec ; nous sommes devant sa capitale qui porte aussi le nom de *Chio*. L'île est un groupe de montagnes, dont les versants nous semblent bien cultivés; la ville entourée de verdure se déploie en amphithéâtre, et nous offre un agréable et pittoresque tableau. Une famille composée du père, de la mère et de trois ou quatre enfants arrive en canot, et gravit l'escalier du *Jupiter*, accompagnée d'une suite nombreuse de parents ou d'amis, tous en larmes; c'est une scène navrante; le moment de la séparation venu, ce sont des gémissements, des embrassements, des pleurs, des sanglots à vous fendre l'âme ; et quand le paquebot reprend la mer, alors, comme si on lui eût arraché le cœur, le malheureux homme, d'une voix retentissante, jette à son île bien-aimée ce cri déchirant, sorti de ses entrailles, mais dénué d'euphonie, cri de suprême adieu, et de suprême douleur.... Adieu, Chio!...

Le lendemain, 19 juin, à midi, le *Jupiter* entrait dans le port du *Pirée*. Il y était attendu, guetté, par une multitude de petits canots de débarquement qui se précipitent à sa rencontre, l'entourent, l'atteignent, le prennent de vive force; des hordes de portefaix, de garçons d'hôtel, de drogmans, s'élancent sur les échelles, se heurtent, se bousculent, montent à l'assaut, envahissent le pont, se répandent de tous côtés, pour s'emparer de nos personnes et de nos colis; c'est une véritable curée, un pêle-mêle, une mêlée inextricable et furieuse. D'abord nous tenons bon contre tous ces forcenés, mais comme il faut nécessairement en finir, nous jetons notre dévolu sur un drogman, qui nous semble payer de mine; nous cédons à ses belles paroles, et nous nous livrons à lui corps et biens; notre sort est entre ses mains. Il a des hommes qui se saisissent de nos colis; nous les perdons de vue, ils disparaissent dans la bagarre; nous sommes en Grèce, ce qui nous rassure médiocrement.... — Avec moi, nous dit-il, vous n'avez rien à craindre; il nous entraîne vers une des échelles, elle est complètement obstruée; nous descendons néanmoins; des colis passent sur nos têtes: nous mettons le pied dans une première barque, il nous faut sauter dans une seconde, puis enjamber une troisième, puis une quatrième; nous y voyons des bagages... ce ne sont pas les nôtres; où sont-ils? que sont-ils devenus? nous continuons, de barque en barque, nos enjambées périlleuses et, enfin, nous en atteignons une où nous retrouvons nos colis fugitifs; ils y sont tous, bien rangés, et au complet; nous respirons.... *Johannès Papachristos* (c'est le nom du drogman) triomphe, il se sent dorénavant, et dûment investi de toute notre confiance!...

Arrivés à terre, nous partons, non pas pour Athènes où il fait trop chaud, où l'on étouffe dans les hôtels, mais pour *le Phalère*, joli village à une lieue d'Athènes, sur le bord de la mer; petit port de l'ancienne Grèce; c'était la patrie de *Démétrius de Phalère*, cet orateur éloquent, cet homme d'État distingué, à qui, 318 ans avant J.-C., les Athéniens, plus prodigues encore de statues que nos gouvernants actuels, élevèrent 360 statues de bronze.

Nous y prîmes pour gîte un hôtel tenu par des Français, *l'Hôtel de la Plage,* que nous ne saurions trop recommander : petit palais, charmante et délicieuse résidence qui, d'un côté, s'ouvre sur un jardin où croissent, en vigoureux massifs, les tamarins, les myrtes, les palmiers, les lauriers roses, les orangers, et de l'autre, sur la mer, sur le golfe d'*Egine,* qui se déploie largement, encadré dans une double chaîne de montagnes. Nos chambres donnent de plain-pied sur une vaste terrasse, sorte de salon à ciel ouvert, d'où les yeux sont ravis par le plus admirable des panoramas, la mer et les montagnes. Le matin, avant 4 heures, j'y rencontrais M. Dufrénoy, amant insatiable, passionné de la lumière, la cherchant, l'étudiant partout, sous toutes les latitudes, à toutes les heures du jour, dans toutes ses variétés de nuances, de couleurs, d'éclat, d'intensité. Au soleil levant, les montagnes de droite se doraient, s'embrasaient des teintes les plus chaudes, les plus ardentes; au soleil couchant, les montagnes de gauche, à leur tour, devenaient d'un rouge de feu; l'incendie du matin se renouvelait le soir, et tout aussi merveilleux, sur l'île d'Égine, de l'autre côté du golfe. Dans la journée, l'azur du firmament se reflétait dans l'azur de la mer, c'était un tableau d'une ineffable contemplation. Les tables étaient dressées au dehors, et les repas se prenaient à l'air, en vue de ces splendides perspectives.

En 1867, il y a vingt ans, j'avais, pour la première fois, mis le pied sur le sol de la Grèce ; le paquebot des *Messageries impériales, le Nil*, qui nous ramenait directement de Constantinople à Marseille, s'arrêta, pendant trois heures seulement, au Pirée pour y faire du charbon. Nous eûmes le temps, dans une course en voiture, d'aller jusqu'à Athènes, de gravir les marches des Propylées, d'embrasser, d'un coup d'œil général, le panorama de l'Acropole, le Parthénon, l'Érechtéïon, le temple de Thésée, la ville d'Athènes, et de regagner le port. Tous les détails de cette excursion si rapide étaient restés présents à ma mémoire.

Si nous avions eu encore la bonne fortune de faire ce second voyage avec notre ami le docteur Ameuille, il eût, comme nous, constaté que, dans ces vingt années, de grands changements s'étaient opérés. Le *Pirée*, à l'embouchure du *Céphise*, est devenu une ville considérable; autrefois, la plaine qui le sépare d'Athènes était à peu près aride, c'était une sorte de désert, où se soulevaient d'épais nuages de poussière, où l'on ne voyait, çà et là, épars, que quelques arbres rabougris et poudreux ; l'*Ilissus*, de nom et de souvenirs si poétiques, était sans eau.

Aujourd'hui, cette plaine jadis si triste, est arrosée, verdoyante, vivante et cultivée ; trois grandes voies de communication qui relient Athènes au Pirée, la traversent dans toute sa longueur. C'est d'abord une large chaussée bordée de deux rangées d'arbres, au bord de deux ruisseaux à eau courante ; c'est ensuite un chemin de fer et un tramway à vapeur. Chacune de ces deux voies, au delà de la station du Phalère, se bifurque, de manière à entrer dans Athènes, chacune par deux quartiers différents. Si, comme aux temps mythologiques, les rives de l'*Ilissus* ne sont plus habitées par des Nymphes et des Naïades, si l'on ne voit plus ces divinités, charmantes et craintives, poursuivies par d'audacieux Satyres, se cacher à leur approche sous de mystérieux ombrages, ou se plonger et disparaître dans les eaux limpides sorties du mont Hymette, du moins ces eaux coulent encore fraîches et abondantes dans le lit du ruisseau chanté par les poètes.

L'*hôtel de la Plage, au Phalère,* était notre quartier général. Johannès Papachristos s'y tenait à notre disposition, et, deux fois par jour, nous partions, sous sa conduite, pour nos explorations.

Dans Athènes il y a deux villes : la ville moderne et la ville antique ; celle-ci se résume presque tout entière dans l'*Acropole*, c'est-à-dire la colline, sur laquelle les Athéniens avaient leur forteresse et leurs plus splendides monuments.

L'*Acropole* s'élève au sud de la ville, son sommet est occupé par le *Parthénon*, autrefois le plus merveilleux temple de toute la Grèce, aujourd'hui la plus merveilleuse de toutes les ruines du monde. De bien loin, soit de la mer, soit de la plaine de l'Attique, on aperçoit sa masse imposante et superbe se dresser majestueusement dans l'espace ; elle est isolée, et du point culminant sur lequel elle est placée, elle domine de haut tout ce qui l'entoure. Quand on s'en approche, sa forme parallélogrammatique se dessine avec ses nobles proportions; ses magnifiques et fières colonnes de marbre pentélique se détachent les unes des autres, et l'azur du firmament, visible comme un fond de tableau, à travers les espaces qui les séparent, fait ressortir la couleur d'or que les siècles et le soleil leur ont donnée. Du pied de l'Acropole, la vue du Parthénon, sur le bleu foncé du ciel, est d'une idéale beauté; c'est une des plus admirables perspectives que l'on puisse contempler; en écrivant ces lignes, il me semble être encore sous son charme inexprimable.

Gravissons maintenant le gigantesque escalier de marbre qu'on appelle les *Propylées;* c'est l'avenue triomphale du sommet, et des monuments de l'Acropole. Nous voici devant le Parthénon, l'incomparable temple de Minerve, bâti en marbre blanc du Pentélique, 450 ans avant Jésus-Christ, sous l'administration de Périclès, par les architectes Ictinus et Callicrate, et revêtu de sculptures par Phidias! C'était la merveille de la terre, le chef-d'œuvre des chefs-d'œuvre, le dernier mot de l'art et du génie. Le temps l'avait respecté, et encore embelli de cette teinte dorée que le soleil et les siècles répandent sur les monuments, dans les climats chauds de l'Orient, où l'air est toujours sec et toujours pur. Mais les hommes l'ont à moitié détruit : en 1687, les Vénitiens et les Turcs l'ont bombardé. Le voilà donc tel que l'a fait le vandalisme, ruiné dans plusieurs de ses parties, et dépouillé de ses ornements. Les huit colonnes qui soutiennent l'architrave et le fronton triangulaire de son portail sont debout, mais entamées, déchirées, criblées par les boulets. La toiture et la partie supérieure du temple se sont effondrées; on se promène à ciel ouvert, dans l'enceinte sacrée, où trônait autrefois la statue d'or et d'ivoire de Minerve; les murs, aujourd'hui, en sont renversés!... tout à l'entour, le sol est jonché de débris épars : on marche sur des statues, sur des corniches brisées, sur des marbres en fragments informes, sur des monceaux de soubassements, de chapiteaux, de fûts de colonnes entassés et disséminés. C'est la scène de dévastation la plus grandiose, la plus épouvantable que l'on puisse se figurer. Mais au milieu de tous ces ravages, ce qui reste du Parthénon est encore une merveille. Quelques vestiges des sculptures de Phidias se voient encore à l'un des angles du fronton. Mais presque toutes les admirables compositions, où le plus grand statuaire de l'antiquité avait représenté les combats des Athéniens et des Lapithes contre les Centaures, ont été enlevées et transportées au musée royal de Londres. Le Louvre en possède aussi de précieuses parties.

Sur ce même plateau de l'Acropole, mais plus bas que le Parthénon, et au milieu de vastes espaces, où tout n'est que renversement, ruine et destruction, où le sol disparaît sous des amoncellements de marbres en morceaux, les yeux s'arrêtent sur l'*Érechthéïon*, temple consacré à *Érechthée*, roi d'Athènes, aux temps fabuleux, qui institua les mystères d'Éleusis, et sur le temple de la *Victoire Aptère*, c'est-à-dire de la Victoire *sans ailes*, et par conséquent fidèle et constante, puisque, privée de ses ailes, elle ne peut s'envoler. Ces deux temples, plus endommagés, et moins entiers encore que le Parthénon, offrent cependant quelques statues assez bien conservées, et quelques rangées de colonnes cannelées, dans leur intégrité primitive à peu près complète.

C'est là aussi qu'était l'*Aréopage;* mais il est tout à fait détruit; on n'en voit plus que l'emplacement; l'escalier seul existe encore. C'est ce même escalier que monta l'apôtre saint Paul, vers l'an 50 de l'ère chrétienne, pour prêcher l'Évangile, et glorifier le nom de Jésus-Christ, devant l'auguste tribunal d'Athènes.

Si maintenant nos regards s'étendent au delà de la surface de l'Acropole, nous allons être éblouis par un splendide panorama : voici, devant nous, la plaine de l'Attique, la route d'*Éleusis*, et, au loin, l'île et le golfe de *Salamine* et les montagnes de *Mégare;* derrière nous, le mont Pentélique, célèbre par ses carrières de marbre blanc, et qui sépare la plaine d'Athènes de la plaine de Marathon. Voici à notre gauche, la mer, le Phalère, l'île et le golfe d'Égine, et le Pirée; à notre droite, toute la ville d'Athènes, comprise entre l'Acropole et le mont Lycabet.

Descendons de l'Acropole; à sa base, nous allons trouver plusieurs monuments qui méritent toute notre attention : à l'ouest, le temple de *Thésée*, le mieux conservé de tous les monuments antiques; à l'est, le temple de *Jupiter Olympien*, dont il ne reste que douze ou quatorze belles colonnes; le temple d'*Esculape*, et le *théâtre de Bacchus*, cirque immense, adossé à l'Acropole ; vingt-cinq mille spectateurs pouvaient s'asseoir sur ses gradins en marbre blanc ; et sur quelques-uns des sièges du premier rang, nous avons pu lire encore, gravés sur le marbre, les noms de ceux qui les occupaient.

Non loin du théâtre de Bacchus, à la base d'une colline rocheuse, séparée de l'Acropole, sont deux ouvertures que ferme une grille de fer, par lesquelles on pénètre dans deux cavernes taillées dans le roc, et communiquant l'une avec l'autre ; c'est la prison de *Socrate;* nous y sommes entrés. C'est là que ce grand homme, injustement accusé de corrompre la jeunesse, et victime innocente de la haine jalouse de ses concitoyens, fut enfermé ; nous avons vu le trou, percé dans le rocher, par lequel il recevait ses aliments. C'est là, que 400 ans avant Jésus-Christ, il subit courageusement la mort, en buvant la ciguë.

Dans ces lignes écourtées, nous n'avons pu dire et montrer que d'une manière bien pâle et bien incomplète ce qui reste de l'antique Athènes, la ville par excellence des arts, des lettres et des sciences, qui rayonna d'un si vif éclat sur l'ancien monde, sur l'empire romain, et qui rayonne encore sur le monde nouveau, et sur notre civilisation actuelle, par tous les chefs-d'œuvre qu'elle a produits, et par tous les épanouissements de son merveilleux génie.

Voyons maintenant l'Athènes moderne : c'est une ville de 40 à 50,000 âmes, d'un aspect agréable; ses rues, larges et droites, sont plantées de beaux arbres, appelés poivriers; ces arbres ressemblent à nos saules pleureurs. Leur feuillage touffu, penniforme et finement découpé, retombe en grappes épaisses, et donne une ombre bienfaisante ; il exhale une odeur de poivre, plus prononcée lorsqu'on le froisse entre les doigts. Les maisons, en général bien bâties, sont, le plus habituellement, en marbre blanc, que fournissent en abondance les carrières voisines du Pentélique ; quelques-unes, d'une architecture monumentale, sont de véritables palais. Plusieurs édifices, tout entiers de marbre blanc, sont remarquables, autant par leurs vastes proportions, que par leur élégance et la richesse de leur ornementation extérieure et intérieure ; telle est l'*académie des Beaux-Arts ;* tel est le *musée* où sont réunis les objets d'art, bijoux, statues et bas-reliefs, que des fouilles récentes ont fait découvrir. Mais les Romains, en s'emparant de la Grèce, 146 ans avant Jésus-Christ, l'avaient dépouillée de tous ses principaux chefs-d'œuvre, qu'ils transportèrent à Rome, et dans quelques autres villes de l'Italie ; plus tard, et à différentes époques, la France, l'Angleterre, l'Allemagne, recherchèrent, partout où elles purent les trouver, ces trésors artistiques de la Grèce, de sorte qu'il ne resta presque rien pour le musée des antiques d'Athènes, bien pauvre à côté du Vatican, du Louvre, des Uffizi.

Les rues d'Athènes sont vivantes, et ne manquent pas de couleur locale. Les chevaux des tramways ont des chapeaux à larges bords, pour les garantir de l'ardeur du soleil. Les morts sont portés à l'église et en terre, le visage découvert ; nous avons vu un convoi funèbre, c'était celui d'une jeune fille ; elle était étendue sur un lit de parade, les mains croisées sur la poitrine; une guirlande de fleurs encadrait sa figure décolorée ; en tête du cortège marchait le clergé grec, précédé de la croix.

Des soldats, et même des ouvriers, pourraient être pris pour des danseuses de théâtre, grâce à leur costume national albanais, composé de la *fustanelle*, jupe blanche, tuyautée, bouffante, très courte, ne descendant pas jusqu'aux genoux; *du fermélé*, spencer brodé noir ou brun, dessinant la taille; et de longues guètres appelés *tousloups*. Cette jupe courte, cet accoutrement coquet et bizarre, donnent une désinvolture frétillante, légère et dégagée, qui rappelle l'air et la démarche des danseuses de ballets.

Le palais du Roi, dont nous avons visité les appartements, n'a de remarquable que sa chapelle du culte schismatique grec, religion de la cour et de la majorité de la population : il est situé sur une grande place, entre deux jardins, dont les massifs de verdure offrent au public d'épais ombrages; la cathédrale, luxeusement décorée, comme toutes les églises grecques, est surmontée d'une belle coupole. L'église catholique est vaste et précédée d'un porche soutenu par des colonnes de marbre; elle est desservie par six prêtres, dont le ministère, nous disait l'un d'eux, n'est nullement contrarié par le gouvernement.

Le dimanche (19 juin, vers 6 heures du soir), deux corps de musique militaire donnaient un concert sur deux places fréquentées, l'une et l'autre, par la foule des promeneurs. Le principal café de la ville occupait tout un côté de l'une de ces places, et de nombreux consommateurs, auxquels nous nous sommes mêlés, y dégustaient les rafraîchissements indiqués par une température brûlante. A Moscou, à Nijni-Novgorod, nous nous étions délectés d'une limonade gazeuse ayant la saveur des fruits les plus exquis, et dont les petits flacons n'avaient chacun la contenance que d'un seul verre. A Athènes, nous retrouvions les mêmes petits flacons, mais avec une liqueur différente; Johannès Papachristos en était très friand, et si nous eussions cédé à toutes ses instances, elle eût, dix fois par jour, et à tous les cafés de la ville, pétillé dans nos verres, et dans le sien en même temps.

Ce Grec, fort intelligent et d'une figure agréable, était d'une excessive prévenance; pour nous éviter toute difficulté, il tenait à liquider lui-même toutes les dépenses courantes, voitures, rafraîchissements, pourboires... etc... Le soir, il n'était jamais ni disposé ni prêt à régler avec nous, et quand, enfin, le jour de notre départ, il nous présenta le compte de ses avances et *prétendus déboursés*, nous comprîmes, mais un peu tard, à leurs proportions inattendues, que nous avions été trop confiants et trop oublieux du fameux : « TIMEO DANAOS » !...

Nous avons voulu visiter l'école française d'Athènes, dont notre savant parent, Victor Guérin, avait été l'élève, et qui doit bientôt recevoir notre jeune et très distingué cousin Pierre Blerzy; elle est située dans une rue solitaire, à l'extrémité de la ville, au pied du Lycabet.

Le 21 juin, à 5 heures du matin, Johannès Papachristos nous amenait d'Athènes une voiture, et nous partions pour *Éleusis*, bourg de l'Attique, à cinq lieues d'Athènes, fameux autrefois par le culte de Cérès. Ce culte, connu dans l'ancienne Grèce, sous le nom de *mystères d'Eleusis*, se renouvelait, chaque année, pendant neuf jours ; ses cérémonies consistaient en purifications, processions, jeux et courses aux flambeaux. Aujourd'hui les temples de Cérès, de Minerve et de Vénus, qui faisaient la gloire d'Éleusis, sont en ruines, et c'étaient ces ruines que nous allions visiter.

Cette excursion à Éleusis, dans l'intérieur de l'Attique, fut une des plus belles et des plus intéressantes journées de notre voyage. Nous ne dirons pas que le temps était splendide; on le devine facilement, puisqu'en Grèce, dans cette saison du moins, il ne pleut jamais; nous ne dirons pas non plus qu'il était délicieux, car un soleil, par trop radieux, nous brûlait de ses rayons implacables ; mais qu'importe? nous allions voir, non pas seulement de magnifiques ruines, mais encore l'île et le golfe de Salamine, dont les noms ont bercé nos jeunes années, et qui furent le théâtre de l'un des plus grands faits de l'histoire de la Grèce.

La route traverse des campagnes où la moisson était depuis longtemps terminée ; quand elle nous amène au sommet d'une colline, nous apercevons, dans le lointain, l'Acropole et le Parthénon. Avant de nous engager dans la région montagneuse que nous avons à parcourir, nous visitons le couvent grec de *Daphné*, pourvu d'une église dont les peintures sont remarquables, mais dont le délabrement et la saleté ne le sont pas moins. La partie habitable du couvent nous offre le même caractère de tenue malpropre et misérable.

Nous gravissons une côte, et voilà que, tout à coup, une splendide perspective se déploie en face de nous : un golfe immense, c'est le *golfe de Salamine;* au sud, une chaîne de montagnes, long promontoire qui s'avance dans le golfe, le traverse dans presque toute sa largeur, et ne laisse qu'un étroit canal de communication avec la mer Égée, c'est *l'île de Salamine;* à l'ouest, une autre chaîne de monts plus élevés, ce sont les montagnes de *Mégare*, et l'ancienne ville des Mégariens, tour à tour ennemis et alliés des Athéniens. Pendant plus d'une heure, notre voiture côtoie les bords de ce golfe fameux, sur lequel 480 ans avant J.-C. la flotte athénienne détruisit la flotte des Perses. Suivant les conseils de Thémistocle, que *les lauriers cueillis, dix ans auparavant par Miltiade à Marathon, empêchaient de dormir*, les Athéniens avaient consenti à évacuer leur ville et à se réfugier sur leurs vaisseaux; Thémistocle avait fini par triompher de toutes les résistances : *Frappe, mais écoute,* avait-il dit au général en chef Eurybiade, qui s'opposait à ses desseins, et s'emportait avec violence contre lui, *Frappe, mais écoute!... Les Athéniens ne triompheront des Perses que sur mer.* — Et, en effet, à la tête de la flotte athénienne, Thémistocle avait anéanti l'armée maritime des Perses, dans ce même golfe de Salamine dont nous suivions le rivage ; et après cette victoire, il avait relevé les murs d'Athènes, et assuré la prééminence de sa patrie sur tous les autres États de la Grèce.

Le bourg d'Éleusis est baigné par le golfe, à sa partie occidentale, et dominé par les montagnes de Mégare. En dehors du bourg, les ruines sont échelonnées sur le versant de la montagne, et présentent le saisissant tableau d'un espace immense, s'élevant en amphithéâtre, et jonché, dans toute son étendue, de blocs de marbre, éclatants de blancheur au soleil. De loin, on dirait un de ces champs de neige ou de glace, comme on en voit au sommet, ou sur le flanc des Alpes; de près, ce sont des entassements de débris, des amoncellements de statues en morceaux, de colonnes renversées et brisées, et comme un semis de feuilles d'acanthe, de frises, de nervures, de cannelures et de sculptures de marbre. C'est une vision apocalyptique, un rêve fantastique, une scène de tremblement de terre, ou de jugement dernier. Pour étudier cette incroyable dévastation, il faut la fouler aux pieds, marcher sur tous ces marbres, grimper sur tous ces monceaux de fragments, ou les contourner à leur base, dans les étroits sentiers, dans les chemins creux qui serpentent autour de leurs îlots, difficiles souvent à escalader.

Voilà donc ce que sont devenus les temples de Vénus et de Minerve! Et cet admirable temple de Cérès, élevé par Périclè 450 ans avant J.-C.?... il n'en reste pas pierre sur pierre! Voilà donc les espaces, désolés aujourd'hui, et autrefois si remplis de charmes et de séductions, où l'on fêtait avec tant de pompe et de joyeuses démonstrations le culte de la Déesse! Voilà donc tout ce qui a survécu à tous ces jeux, à toutes ces processions, à ces fameux *petits et grands mystères d'Éleusis*, fondés en l'honneur de Cérès et de sa fille

Proserpine, déesse des enfers, par Érechthée et par Triptolème, et que les Athéniens célébraient, chaque année, pendant neuf jours, avec tant de splendeur et d'enthousiasme! Assurément ces ruines sont imposantes, grandioses et d'un magnifique aspect; mais ce sont des ruines!!... or sur le théâtre même d'un tel cataclysme, ne semble-t-il pas entendre la voix de saint Jean Chrysostome, l'illustre évêque de Constantinople, nous redire ces graves et solennelles paroles, que notre ami Paul Durand se rappelait, au pied de la grande pyramide d'Égypte : VANITÉS DES VANITÉS, ET TOUT N'EST QUE VANITÉ!...

Un factionnaire préposé, comme à l'Acropole, à la garde des ruines, est chargé d'en surveiller la conservation, et d'en empêcher le pillage. Oserai-je dire qu'à Éleusis, comme il y a vingt ans, avec mon ami Ameuille, au petit champ des morts de Péra, j'ai commis le méfait de tromper cette surveillance, et d'emporter deux parcelles de ces ruines, palpables et vivants souvenirs d'une des grandes impressions de ma vie?...

Les habitants du bourg d'Éleusis portent presque tous le costume national albanais; les hommes ont le noir *fermélé*, duquel se dégagent, au-dessus de longues guêtres, les plis bouffants de la blanche et pimpante *fustanelle ;* quant aux femmes, leur accoutrement est lourd et disgracieux; elles ont, sur le dos, en dépit de la chaleur, une sorte de couverture grise, ou dalmatique épaisse, fixée à leurs épaules; et les tresses de leurs cheveux, prolongées par des tresses de laine, descendent et se balancent jusqu'au bas des reins.

Nous étions depuis trois jours à Athènes et dans ses

environs; nous avions, plusieurs fois, gravi les degrés de marbre des Propylées, pour admirer, de plus près, le Parthénon et rêver, entre ses colonnes, encore debout, et ses murs à demi tombés, à toutes les gloires des temps passés; nous avions savouré, dans notre délicieux hôtel du Phalère, les charmes de l'Orient, l'azur de son ciel, la transparence, l'idéale pureté de sa lumineuse atmosphère; l'embrasement de la mer et de ses rivages, aux incomparables levers et couchers du soleil; deux fois, M. Dufrénoy et moi, nous nous étions baignés dans les eaux bleues et mouvantes du golfe d'Égine... Il fallait partir; mais auparavant, ma chère Pauline eut l'affectueuse pensée d'associer notre frère Paul aux impressions si vives de notre beau voyage; nous voulions les partager avec lui, et, avant de quitter Athènes, nous lui écrivîmes, pour lui donner rendez-vous le 4 juillet, à Milan!

Le 22 juin, à 6 heures du matin, Johannès Papachristos nous accompagnait au chemin de fer. Nous parcourions, pour la dernière fois, avec lui, les rues d'Athènes, et nous partions pour Corinthe. La voie ferrée, bordée de lauriers roses, de myrtes, de grenadiers en fleurs, traverse des bois d'oliviers, puis d'immenses champs de vignes, l'une des principales richesses de la Grèce; elle exporte tous les ans de deux cent cinquante à trois cent millions de livres de raisins secs, dits *raisins de Corinthe*, qui lui donnent un revenu annuel de soixante-dix millions. Nous revoyons, de loin, l'île et le golfe de Salamine, Éleusis et ses ruines; nous passons au bas de la montagne et de la ville de Mégare; la route se rapproche de la mer; elle suit tous les gracieux contours du golfe d'Athènes; elle nous donne les perspectives les plus riantes et les plus variées, et, tournant à droite, elle s'engage dans l'isthme de Corinthe.

Cet isthme, dont la largeur est de 6 à 8 kilomètres, unit la Morée, l'ancien Péloponnèse, à la Grèce proprement dite, et sépare le golfe d'Athènes, dépendance de l'archipel, ou mer Egée, du golfe de Lépante, ou golfe de Corinthe, prolongement de la mer Ionienne. Plus de mille ouvriers sont actuellement occupés au percement de l'isthme, c'est-à-dire à établir une communication directe entre l'archipel et la mer Ionienne. Le chemin de fer côtoie le canal, creusé déjà dans plusieurs de ses parties, et dont nous avons pu voir les chantiers et les profondes tranchées. Les travaux, nous a-t-on dit, ne seront pas terminés avant une ou deux années. Nous laissons à gauche, sans nous y arrêter, la ville de Corinthe, bien déchue de son ancienne splendeur. Elle s'élève au milieu de l'isthme, à cheval sur les deux mers, auxquelles elle se rattachait autrefois par deux ports, l'un sur le golfe qui portait son nom, et l'autre sur le golfe *Saronique*, ou golfe d'Athènes.

A onze heures, l'isthme est traversé; le chemin de fer nous dépose au quai d'embarquement, sur le golfe de *Lépante*, et un canot, où, après bien des angoisses, nous parvenons à réunir nos colis, nous conduit au *Mycale*, paquebot grec, qui chauffe dans le port, et qui va nous mener à Brindisi.

Nous gravissons l'échelle du paquebot..... Quel désordre sur le pont! quel encombrement! quel tohu-bohu! quel flot, toujours montant, de passagers, et quel accueil désagréable! Quelles figures renfrognées et sournoises! quels airs peu avenants! et quelles mises mal soignées, pour ne pas dire malpropres! Pas une seule cabine n'est vacante! il nous faudra coucher dans la salle à manger, ou sur le pont, et nous avons deux jours et deux nuits à passer à bord! une grande dame russe qui voyage avec sa suivante et son perroquet, exhale sa mauvaise humeur dans les termes les plus expressifs. Mais à quoi bon s'emporter? — Nous sommes avec des Grecs!..... Si du moins, la table était appétissante comme dans nos excellents paquebots autrichiens l'*Aurora*, l'*Apollo*, le *Jupiter*, où régnaient un si bon confortable, une tenue si parfaite? Mais on nous sert un vin *résiné*, ou *térébenthiné*, c'est-à-dire additionné d'une certaine dose de résine, ou de térébenthine; abominable breuvage, salutaire, dit-on, pour la poitrine, mais d'un goût détestable, et d'une insupportable âcreté. Si, du moins, les Grecs n'étaient que sales et mauvais restaurateurs, mais ils sont voleurs!.... Nous demandons trois bouteilles de bière, ils en inscrivent quatre, et veulent nous faire payer trois déjeuners que nous n'avons pas pris!.... Il y a longtemps que Virgile les a marqués au front, du fer rouge de son : « *timeo Danaos* », stigmate indélébile, que deux mille ans, bientôt, n'ont point effacé, et qui n'a jamais cessé d'être justifié !....

Mais élevons-nous au-dessus de ces considérations d'ordre secondaire; le *Mycale*, rendons-lui cette justice, est bon marcheur, et les Grecs excellents marins. Nous sommes dans le golfe de *Lépante*, dépendance de la mer Ionienne, avec laquelle il communique, à l'ouest, par le golfe de *Patras;* à l'est, l'isthme de Corinthe le ferme pour deux années encore; au nord et au sud, il est compris entre la Grèce propre, et la Morée, l'ancien *Péloponnèse*. Que de souvenirs s'éveillent à ce dernier nom ! c'est dans le Péloponnèse qu'était *Sparte*, appelée aussi *Lacédémone*, la glorieuse rivale d'Athènes, la patrie de Lycurgue, le rigide et austère législateur; de Léonidas, le héros des *Thermopyles;* de Pausanias, qui de concert avec Aristide, écrasa les Perses à *Platée*, 479 ans avant Jésus-Christ; de Lysandre, le vainqueur des Athéniens à *Ægos-Potamos*, 405 ans avant Jésus-Christ. C'est là qu'étaient ces belles et fertiles provinces dont les noms ont tant de charme et de poésie : la *Laconie*, où coulait l'Eurotas, à l'ombre des oliviers, des myrtes, des orangers et des lauriers-roses; l'*Arcadie*, le pays des gras pâturages, des mœurs simples et pastorales, et la patrie de Philopœmen, le vainqueur des Spartiates à *Mantinée!* Le golfe de Lépante, appelé autrefois *golfe de Corinthe*, n'est pas moins célèbre dans l'ère moderne; c'est là, dans ces eaux si calmes et si bleues, sur lesquelles nous naviguons si paisiblement, que, le 7 octobre 1571, don Juan d'Autriche, fils naturel de Charles-Quint, commandant les forces réunies de Venise, de l'Espagne et du Pape, anéantit la flotte ottomane. Cette fameuse victoire de Lépante, dans laquelle les Turcs perdirent 30,000 hommes et 200 vaisseaux, arrêta leurs envahissements, et sauva l'Europe, menacée de la domination musulmane.

Du golfe de Lépante, long de 35 lieues environ, et

large de 5 à 6 lieues en moyenne, on entre dans le golfe de *Patras,* dont l'étendue est beaucoup moins considérable. Nous passons devant la ville de Patras, située en Péloponnèse, sur la côte d'Achaïe, à l'entrée du golfe de Lépante; c'est là que l'apôtre saint André, frère de saint Pierre, souffrit le martyre, et fut attaché à une croix, dont les branches se croisaient en X.

Le golfe de Patras est, de ce côté, l'entrée de la mer Ionienne, l'Archipel des sept îles ioniennes. Pouvons-nous ne pas nommer les îles de Zante et de Céphalonie? et surtout l'île d'*Ithaque,* le royaume d'Ulysse, et de Pénélope sa femme, et la patrie de leur fils Télémaque? C'est d'Ithaque qu'Ulysse, fils de Laërte, partit pour la guerre de Troie; et après cette guerre, tous les dangers, toutes les aventures qu'il eut à subir, pendant dix ans, sur terre et sur mer, avant de pouvoir y revenir, inspirèrent à Homère le poème de l'Odyssée (Odysseus, en grec, Ulysse).

A une admirable journée avait succédé une de ces nuits d'Orient, dont la splendide majesté nous avait longtemps tenus sous son charme inexprimable; et, quand le lendemain, dès quatre heures du matin, le soleil se levant à l'horizon, illuminait du même éclat, embrasait des mêmes feux et le ciel et la mer d'Ionie, nous étions encore sur le pont, à contempler ces merveilleuses scènes de la nature.

A midi (23 juin), le *Mycale* s'arrête devant *Corfou,* l'ancienne *Corcyre.* Ulysse jeté par un naufrage dans cette île, en revenant de Troie, y fut accueilli par la belle Nausicaa, fille d'Alcinoüs, roi des Phéaciens, qui lui fournit les moyens de regagner Ithaque, sa patrie et son royaume. *Corfou* est la plus importante des îles Ioniennes, appartenant, comme les autres, à la Grèce, et située près de la côte d'Albanie, à l'entrée méridionale de la mer Adriatique. Le paquebot y fait escale jusqu'à 6 heures du soir; nous en profitons pour sauter dans une des barques venues à sa rencontre, et aller à terre. Nous sommes à *Corfou*, la capitale de l'île; c'est une ville forte, avec citadelle, de 20 à 30,000 habitants; ses rues, à arcades, sont étroites, comme dans les pays chauds; on y parle grec, italien et français; de magnifiques étalages des fruits les plus variés, aiguisent notre appétit, excitent nos convoitises; mais notre drogman nous entraîne à l'hôtel *Saint-Georges;* car, chers lecteurs, nous avions déjà un drogman; notre barque en contenait un; nous étions encore sur l'échelle du *Mycale*, que déjà il nous avait happés. C'est ainsi partout en Orient, les voyageurs y sont pris par les drogmans, comme les mouches par les araignées, comme les alouettes par les vautours. Dans un incendie, il faut faire la part du feu, en Orient, à moins que l'on ne connaisse déjà le pays, la langue et la monnaie, il faut faire la part du drogman, et si le drogman est Grec, cette part doit être large.

L'*hôtel Saint-Georges* est un grand et excellent hôtel, qui justifie sa réputation; toutes les précautions y sont prises contre le soleil, l'ennemi du pays : car c'est un ennemi, et un ennemi terrible que ce soleil dévorant, qui flamboie sur un ciel toujours sans nuages, et entretient une température constante de 34 à 36 degrés;

d'épaisses clôtures interdisent ses rayons brûlants, et des courants d'air, habilement ménagés, atténuent l'intensité de la chaleur; aussi, en entrant dans les appartements, on y trouve le plus grand bienfait, le plus grand luxe de ce climat: de la fraîcheur. Nous eûmes un déjeuner à souhait, arrosé d'un vin d'Ithaque, de couleur dorée, très fort, et dont le bouquet et la saveur rappellent le vin de Madère.

Notre drogman, de planton dans le vestibule, guettait la fin du déjeuner; il s'empare de nous, nous donne une voiture découverte, toute prête, et nous conduit à travers la ville; dix mille de ses habitants sont catholiques; les deux autres tiers schismatiques grecs. Nous visitons l'église catholique; l'exercice du culte est parfaitement libre; les processions circulent dans les rues, en toute liberté. Que tous nos gouvernants, grands et petits, qui se font un jeu d'entraver arbitrairement, la première de toutes les libertés, la liberté de conscience, et qui, contrairement au vœu des populations, se permettent, comme dernièrement encore à Poitiers, et au Tréport, sans autre raison que leur volonté despotique et privée :

Sic volo, sic juboo, sit pro ratione voluntas.

d'interdire des cérémonies vénérables et séculaires; que tous ces tyrans et tyranneaux, autocrates de tous les degrés et de tous les étages, préfets et sous-préfets, conseillers municipaux, maires de villes et de villages, aillent donc en Turquie et en Grèce; ils y recevront une leçon de libéralisme et de respect de tous les droits;

ils y verront la liberté mise en pratique, inviolable et sacrée, et non point livrée en pâture et mutilée, au profit et au gré d'une humeur tracassière, de rancunes personnelles, d'animosités injustes, de mesquines et inavouables ambitions.

Au sortir de l'église grecque de Saint-Spiridion, protecteur et patron de Corfou, nous nous dirigeons vers le palais du Roi; il est à une demi-lieue de la ville, sur une colline, au bord de la mer, dans une situation ravissante. D'un côté les yeux s'égarent, se perdent sur la nappe bleue, immense, de la mer Ionienne; de l'autre, ils se reposent sur la ville et le port de Corfou, et sur de planturcuses campagnes, dont l'étendue verdoyante et mamelonnée ferme l'horizon. Bravant une chaleur torride, nous mettons pied à terre, pour parcourir le parc, où les voitures ne sont pas admises. Nous y trouvons, partout, les richesses et les ombrages d'une végétation tropicale; magnolias en fleurs, mauves et géraniums en arbres, orangers, eucalyptus gigantesques. Un jardinier nous montre un de ces magnifiques eucalyptus qu'il a planté, il y a six ans seulement, et qui aujourd'hui, a déjà pris des proportions colossales. Ce séjour est vraiment délicieux; malheureusement le roi n'y vient presque jamais; de là, un mécontement facile à comprendre; on nous offre des corbeilles toutes pleines d'énormes grappes de mûres (*rubus fruticosus*) d'une saveur douce et sucrée.

L'île de Corfou a 18 ou 20 lieues de longueur, sur 6 à 8 lieues de largeur; sa population est de 80 à 100,000 habitants, c'est un pays montagneux très fertile, trop chaud l'été; mais l'hiver, tempéré, très agréable; les étrangers y affluent, dans la saison, qu'au nord et au centre del'Europe, on appelle la mauvaise saison ; à Corfou, c'est un temps admirable; les neiges, les gelées, les frimas y sont inconnus; aussi les médecins y envoient les constitutions anémiées et délicates, et les affections pulmonaires. L'impératrice d'Autriche y a passé un hiver. Nous faisons une excursion des plus intéressantes dans l'intérieur de cette île ; la végétation y est luxuriante, elle nous a rappelé la végétation du Portugal et de l'Andalousie; les routes, les champs sont bordés de figuiers, de rosiers, de lauriers roses, d'aloès, de poivriers et de cactus. A six heures du soir, nous étions de retour au *Mycale*, à bord duquel nous allions passer la dernière nuit de mer, de notre voyage; notre dernière nuit d'Orient, de ces mers si bleues, de ces archipels si peuplés d'îles et de souvenirs, de ces régions lointaines, où, dans une atmosphère si lumineuse, revit l'ancien monde, avec toutes ses gloires.

Nous venions de les visiter, pour la seconde fois, ces pays du soleil, que nous avions ardemment désiré revoir; et nous les avons revus, en voie de progrès et de régénération. La vapeur les sillonne, des communications rapides et faciles sont ouvertes partout; le télégraphe côtoie les routes; de confortables hôtels attendent les étrangers, tout respire la civilisation. Mais en même temps que cette régénération matérielle, nous en avons constaté une autre, d'un ordre supérieur, plus appréciable, et que nous pouvons appeler une régénération morale. Le fanatisme musulman, la haine du chrétien, ont fait place à une sage tolérance, au sentiment de la liberté de conscience qui se répand de plus en plus ; l'entrée des mosquées est libre ; la polygamie se restreint, et même tend à disparaître. Tandis que la France, aveugle et insensée, chasse ses congrégations religieuses, qui avaient été pour elle, à toutes les époques de son histoire, un foyer de tant de vertus et de tant de lumières, l'Orient les accueille avec empressement, leur ouvre ses asiles, ses hôpitaux, ses écoles ; aussi voit-on s'y multiplier, de tous côtés, ces maisons d'éducation, qui autrefois formaient nos grands hommes, et faisaient de la France la nation la mieux élevée, la plus civilisée, la plus éclairée et la première de toutes les nations.

NAPLES — ROME — S. S. LE PAPE LÉON XIII
LES FÊTES DE SAINT-PIERRE

NAPLES — ROME — S. S. LE PAPE LÉON XIII LES FÊTES DE SAINT-PIERRE

Le 24 juin, à cinq heures du matin, après une nuit un peu houleuse, mais sans aucun trouble gastrique, nous débarquons à Brindes (en italien *Brindisi*), sur l'Adriatique : c'est le *Brundusium* des anciens, ville autrefois très importante ; c'était là que les Romains s'embarquaient pour la Grèce ; c'était là qu'aboutissait la voie Appienne, *Via Appia*, commencée par le censeur Appius Claudius Cœcus, 311 ans avant J.-C., continuée par César, et terminée par Auguste. Deux belles colonnes de marbre encore debout, sur le bord de la mer, indiquent et la largeur de cette voie célèbre, et le point précis où elle se terminait. C'est là que, 19 ans avant J.-C., mourut Virgile, à l'âge de cinquante-trois ans, en revenant avec l'empereur Auguste, de Grèce, où il était tombé malade à Mégare ; son corps fut transporté et inhumé, suivant son désir, sur la colline de Pouzzoles, au-dessus de la grotte du Pausilippe, où nous avons vu son tombeau, qui semble planer sur le golfe de Naples.

Brindes est aujourd'hui en pleine décadence, bien que son port soit fréquenté par beaucoup de paquebots de Grèce, d'Égypte, d'Asie Mineure, et même de l'extrême Orient ; sa cathédrale est sale et délabrée; ses rues sont tapissées d'un lit de poussière et d'immondices; il y fait une chaleur étouffante; aussi, après une courte promenade d'exploration et un rapide déjeuner à l'*hôtel Bacclioni*, nous prîmes, en toute hâte, le chemin de Naples.

Ce fut une belle et longue journée : partis de Brindes à sept heures et demie du matin, nous n'arrivâmes à Naples qu'à onze heures et demie du soir. A dix heures de la matinée, nous nous arrêtions quelques instants à *Tarente*, ville de 25 à 30,000 habitants, sur le golfe de Tarente, dépendance de la mer Ionienne : c'est le pays de ces horribles et venimeuses araignées, appelées *tarentules*, dont la morsure très dangereuse peut causer les plus graves accidents. Nous traversons une partie des Calabres, la Pouille ou Apulie, la Basilicate, la chaîne méridionale des Apennins. Les paysages sont parfois saisissants d'aspect sauvage et grandiose : c'est une des routes les plus pittoresques que l'on puisse parcourir; on passe entre de gigantesques rochers, au fond de gorges étroites et profondes, qui semblent sans issues, véritables coupe-gorges, repaires infestés, autrefois, de brigands calabrais. A la nuit tombée, le golfe de *Salerne* nous apparaît tout étincelant de lumières qui se reflètent dans ses eaux. Puis le train s'arrête aux stations de Nocera, de Sorrente, de la Cava, de Portici, de Torre-del-Græco, et enfin, à *Naples!*...

Nous descendîmes, au bord du golfe, sur le quai de Sainte-Lucie, à ce même *hôtel de Rome*, où nous étions déjà descendus vingt-six ans auparavant. C'était la troisième fois que nous venions à Naples. Nous avions fait deux fois, à vingt ans de distance, en 1861 et 1881, l'ascension du Vésuve, et visité deux fois Pompéi, Castellamare et Sorrente; deux fois aussi nous étions allés au cap Misène, à Baïa, à la Solfatare, à Pouzzoles, au Pausilippe, à Capodi-Monte et à San-Martino, d'où les yeux charmés embrassent tout le panorama du golfe, c'est-à-dire l'une des plus splendides perspectives du monde entier. Nous avons décrit, comme nous l'avons pu, tous ces sites enchanteurs, et toutes nos impressions, dans le premier et le deuxième volume des *Vacances d'un médecin.*

Aujourd'hui (25 juin), nous n'étions à Naples qu'en passant, en regagnant la France, et pour une matinée seulement; du moins nous avons tenu à y rajeunir quelques-uns de nos souvenirs. De huit heures du matin à midi, une voiture découverte nous fit revoir une partie de la ville, la rue de *Chiaïa*, la rue de *Tolède*, actuellement rue de *Rome*, la belle cathédrale de Saint-Janvier, dont on reconstruit le portail, la grotte du Pausilippe, la *Villa Reale*, délicieux jardin, ravissante promenade, bordés par de magnifiques hôtels, et baignés par le golfe. Du milieu du golfe, d'un bleu d'azur, émergent au loin les îles de Capri, de Nicida et de Procida; à l'horizon, et de l'autre côté, se dessinent les gracieux coteaux de Sorrente, de Castellamare; au fond, se dresse majestueusement le Vésuve. A la base du colosse, la ville de Portici descend en pente douce jusqu'à la mer, et de son sommet se dégagent incessamment, et par saccades, comme d'énormes bouffées d'une respiration haletante, d'épaisses colonnes de fumée, que le vent balance dans les airs, ainsi qu'un panache ; la nuit, cette fumée, ce panache qui couronnent le volcan prennent l'éclat d'une immense gerbe de flammes, jaillissant d'une fournaise ardente, et retombant en pluie de feu. C'est un admirable panorama ; est-ce le plus beau d'Europe ? — Non, la *Corne-d'or* de Constantinople est plus belle encore.

On disait un jour à un homme qui revenait d'Italie : — Lequel, de Michel-Ange ou de Raphaël, placez-vous *le premier?* — Il répondait : — Je leur donne, à tous les deux, le *numéro 1*. — La même réponse ne nous paraît pas convenir aux golfes de Naples et de Constantinople. Sans doute, en contemplant le golfe de Naples parsemé d'îles, et magnifiquement encadré dans un demi-cercle de collines, de palais, de villes et de villages que domine le Vésuve, il semble impossible de rien rêver de plus admirable, de rien voir ailleurs de plus splendide ! — Eh bien ! si le golfe de Naples est une merveille, le golfe de Constantinople en est une aussi, mais plus étonnante encore. Cette superposition fantastique de tours, de minarets, de coupoles, de palais, d'habitations de toutes les couleurs et de toutes les formes, sur la côte d'Europe et sur la côte d'Asie, apparaissant partout, de tous les côtés à la fois, sur le Bosphore et sur la mer de Marmara, tout autour de la Corne-d'or, tout ce prodigieux ensemble est d'un effet éblouissant et magique, plus extraordinaire et plus saisissant que le golfe de Naples.

A midi, M. Dufrénoy nous conduit dans un restaurant qui mérite d'être visité; son nom, il est vrai, manque d'attrait et de poésie : il s'appelle *le Vermouth;* mais quelle situation !... les eaux du golfe caressent ses murs, se jouent tout le long de sa terrasse, et, au delà du golfe, les montagnes de la Cava, les bois d'orangers, de Sorrente, et le Vésuve ferment son horizon. De jeunes lazzaroni, dans le costume le plus primitif, se baignent à nos pieds et, pour égayer notre déjeuner, et recevoir quelques *bajocchi*, exécutent sur la grève des danses pittoresques, accompagnées de chansons napolitaines.

Ici, comme en Grèce, les chevaux et les mulets portent des bonnets, ou des chapeaux ; quant aux ânes qui, paraît-il, n'ont rien à craindre d'une insolation, ils vont, comme chez nous, tête nue.

A 3 heures, nous partons, *en train express*, pour *Rome*, où nous devons arriver le même jour à 8 heures et demie. Les campagnes sont des plus fertiles; les céréales y mûrissent à l'ombre d'oliviers, d'eucalyptus, d'amandiers, reliés entre eux par des guirlandes de vignes qui s'aventurent de l'un à l'autre, flottent, se balancent de tous côtés dans l'espace, et grimpent jusqu'au sommet des arbres les plus élevés : les chemins sont bordés de grenadiers, d'aloès et de cactus. Nous traversons *la Terre de Labour*, l'ancienne *Campanie;* quelques instants d'arrêt devant la fameuse ville de *Capoue*, dont les délices amollirent les soldats d'Annibal; plus loin, nouvel arrêt à la station de *Cassino*, audessus de laquelle on apercoit, sur une montagne, le célèbre monastère du *Mont-Cassin*, fondé en 529 par saint Benoît, maison mère et berceau de l'ordre des Bénédictins. Peut-on prononcer sans respect le nom vénérable de cet ordre religieux, illustre entre tous, qui produisit tant de précieux travaux scientifiques, et fonda, dans toute l'Europe, un si grand nombre d'établissements peuplés de saints et de savants? L'*abbaye de Saint-Germain-des-Prés* était l'église que les Bénédictins, sous le nom de *Bénédictins de Saint-Maur*, avaient à Paris.

Les villes et les villages sont perchés, comme en Sicile, au sommet, ou étagés sur le flanc des montagnes et des rochers.

Plus tard, nous apparaît la campagne de Rome, avec ses vastes horizons, ses teintes bleuâtres, ses aspects dénudés, ses troupeaux en pâturages, ses ruines éparses, un aqueduc antique, et, au loin, le dôme de Saint-Pierre !...

A 8 heures et demie, nous étions dans la ville éternelle, où l'on n'entre jamais sans émotion, et bientôt après, à l'*hôtel Continental*, que nous avions habité six ans auparavant.

Dans le plan de ce voyage, Rome ne devait être qu'une station, qu'un point d'arrêt et de repos, au retour de l'Orient; d'ailleurs nous y venions pour la troisième fois. Mais ce simple point d'arrêt fut en réalité un des plus beaux épisodes, et comme le couronnement de tout notre voyage. Nous avons décrit, dans le premier et le second livre des *Vacances d'un médecin*, nos impressions sur Rome, nous ne voulons pas nous répéter; disons seulement que nous avons revu les mêmes choses, avec plus d'enthousiasme encore que les deux premières fois.

Notre première visite a été pour Saint-Pierre : c'était le dimanche 26 juin; nous y avons assisté à la grand'-messe, chantée dans la chapelle des chanoines. Nous ne dirons rien de cette immense église, la plus vaste de l'univers, où tout est merveilleux, gigantesque, colossal; où l'or, le bronze, les marbres, sont prodigués; où, à chaque pas, on découvre un chef-d'œuvre; où les plus grands artistes du siècle de Léon X ont dépensé leur temps et leur génie, et que Michel-Ange a couronnée de sa prodigieuse et incomparable coupole.

A chaque pilier est adossé le tombeau monumental d'un pape, dont les vertus sont retracées par des emblèmes, par des statues allégoriques, en présence desquelles on reste stupéfait d'admiration. Au-dessus des chapelles sont reproduits les plus célèbres tableaux du monde, par des mosaïques de marbres précieux, qui sont elles-mêmes des merveilles; et en fait de merveilles, ici, c'est la descente de croix de Michel-Ange : là, ce sont les Anges de Canova, qui pleurent, debout, sur le tombeau des Stuarts; plus loin, les lions, admirables figures de la force et de la douceur, qui gardent le tombeau de Clément XIII; plus loin encore, et tout au fond de l'église, sur le tombeau de Paul III Farnèse, la Justice, splendidement représentée par une femme d'une idéale et surhumaine beauté!...

Il y a quatre ans, lorsqu'à Moscou nous visitions l'église du *Sauveur,* bâtie par le Czar Nicolas Ier, nous ne croyions pas qu'il fût possible de rêver un plus grand luxe de marbres et de pierres précieuses. A Rome, et à Saint-Paul-hors-les-Murs, on est plus émerveillé, plus ébloui encore. Les cinq nefs de cette splendide basilique sont soutenues par une forêt de colonnes; et parmi ces colonnes, il y en a d'albâtre oriental fleuri, présent du vice-roi d'Égypte; elles sont d'un jaune pâle veiné de blanc, semblables à une moire dorée; il y en a d'autres de jaspe, de porphyre, de vert antique, qui reposent sur des soubassements de malachite, offerts aux Souverains Pontifes par les Czars de Russie. Et au-dessus de toutes ces colonnes, se déroule, comme une immense procession, la longue série des portraits, en mosaïque sur fond d'or, de tous les papes, depuis saint Pierre jusqu'à nos jours. C'est un monde de somptuosités fantastiques, où, depuis le dallage de marbre, jusqu'aux stucs dorés d'en haut, tout brille, tout resplendit des teintes les plus riches, les plus ingénieuses et les plus variées. L'un des bénitiers est un magnifique groupe de marbre blanc, pieusement allégorique ; le diable est blotti, caché sous sa belle vasque ; mais, à l'approche d'un enfant, qui se hisse sur ses petits pieds pour prendre de l'eau bénite, il s'enfuit, avec une figure hideusement grimaçante.

Sur la place, et devant le portail de la basilique de Saint-Jean-de-Latran, s'élève le plus grand obélisque de Rome, transporté d'Héliopolis à Rome, par l'empereur Constance Chlore, 300 ans après J.-C. En 1881, à notre dernier voyage à Rome, le chœur de cette grande et imposante basilique, à cinq nefs, était en réparation;

en 1887, nous l'avons vu terminé : il se déploie derrière le maître autel, tout ruisselant d'or, avec une splendeur qui défie toute description. Le trône pontifical occupe majestueusement le fond de l'abside. Les chapelles *Torlonia* et *Corsini* sont des merveilles de richesse architecturale et décorative.

Une belle et large rue conduit directement de Saint-Jean-de-Latran, à la basilique de *Sainte-Marie-Majeure*. Là encore, combien de merveilles en mosaïque, en sculpture, en peinture! c'est la chapelle du *Saint-Sacrement;* c'est la chapelle de *Sixte-Quint;* c'est la chapelle *Borghèse*, avec les tombeaux de Paul V Borghèse, et de Clément VIII, et les fresques du Guide ! En avant du maître autel, la statue colossale de Pie IX, à genoux, et les mains jointes, occupe le milieu d'une chapelle en contre-bas, dont les murs sont une splendide mosaïque des marbres les plus rares et les plus précieux.

Arrêtons-nous : Rome, au point de vue de ses églises seulement, est une mine d'or inépuisable; on y trouve réalisées les plus admirables conceptions du génie, et tout ce que les arts ont produit de plus étonnant, de plus merveilleux. Aussi, pour ne pas épuiser le vocabulaire de toutes les formules admiratives, nous ne dirons rien, ni du baptistère de Saint Jean-de-Latran, ni des églises de Saint-Clément, de Sainte-Croix-de-Jérusalem, de Sainte-Agnès, du Gesu, de Saint-André *della Valle*, décorée de fresques, chefs-d'œuvre du Dominiquin, ni de Saint-Louis-des-Français, où Claude Lorrain a son tombeau, ni de Saint-Laurent, où repose le Poussin.....

Mais si magnifiques que soient ces églises, au point de vue de la richesse, si admirables qu'elles nous apparaissent par tous les chefs-d'œuvre de peinture, de sculpture qui y sont accumulés, si éblouissantes qu'elles soient de l'éclat des marbres, de l'or, des pierres précieuses, elles manquent souvent du caractère imposant et religieux, que possèdent à un si haut degré nos églises de France, telles que le moyen âge les a conçues. L'esprit, captivé, charmé par toutes les merveilles de l'art, y reste sur terre; il y admire plus qu'il ne prie; il y est plus occupé des chefs-d'œuvre qui ravissent les yeux, que de la pensée qui s'élève vers Dieu; il n'y trouve que rarement ces voûtes, ces colonnes, ces ogives élancées qui semblent monter au ciel; il n'y est pas, dès l'entrée, saisi de ce sentiment de respect et de recueillement qu'inspire la sévère et grandiose majesté de nos vieilles cathédrales, en harmonie si parfaite avec l'austérité de la morale évangélique. Ces mêmes appréciations sont déjà développées dans le premier volume des *Vacances d'un médecin*.

Chers lecteurs, au sortir des églises, descendons, si vous n'avez peur ni de la chaleur, ni du froid, ni de la fatigue, dans les *Catacombes de Saint-Calixte*, car, à Rome, les merveilles et les sujets d'étude ne sont pas qu'au soleil, on les trouve encore sous terre. Suivez-nous donc; la route est longue, cahotante, brûlante, torride, poussiéreuse, mais d'un saisissant intérêt. Nous passons au pied de la colonne Trajane, élevée 112 ans après J.-C. par le Sénat romain, en l'honneur de l'empereur Trajan. Elle servit de modèle à la colonne de la place Vendôme. Nous traversons tout le Forum, et, sur cette voie sacrée, nous admirons les arcs de triomphe de Septime Sévère, de Constantin, de Titus. Sur ce dernier, qui rappelle la prise de Jérusalem par Titus, 70 ans après J.-C., nous remarquons, sculpté en relief, et parfaitement conservé, le chandelier à sept branches du temple de Jérusalem. Nous contournons le Colisée, le plus immense de tous les amphithéâtres, construit par Vespasien, et achevé par Titus; il avait 80 rangs de gradins et pouvait contenir 87,000 spectateurs; c'est dans son enceinte qu'avaient lieu les combats des gladiateurs, et que des milliers de chrétiens, martyrs, furent livrés aux bêtes. A notre droite, sur le *mont Palatin*, voici les ruines du palais des Césars, et du palais de Néron; et, non loin de là, les Thermes de Caracalla, où les baigneurs trouvaient place sur 1,600 sièges de marbre; voici, à notre gauche, le petit temple circulaire de Vesta, soutenu par douze colonnes de marbre. Nous franchissons la porte *Saint-Sébastien*, voisine de la porte *Latine*, devant laquelle, 95 ans après J.-C., sous le règne de Domitien, l'apôtre saint Jean l'Évangéliste fut jeté dans une chaudière d'huile bouillante, d'où il sortit, miraculeusement, sain et sauf.

Nous nous engageons, en dehors de la ville, dans un chemin pierreux, bordé de murs, se prolongeant à perte de vue, et suivi, dans d'épais nuages de poussière, par de longues files de voitures de maraîchers, de plâtriers, de paysans, d'ouvriers de toute sorte, tous étendus dans leurs chariots, dormant d'un profond sommeil, et s'abandonnant, corps et biens, à l'intelligence de leurs attelages. Ces attelages, en général peu élégants, sont composés de trois animaux placés de front, et habituellement d'espèce différente et disparate. Ainsi, un cheval, un mulet et un âne : quelquefois, comme à Naples, c'est une vache qui marche entre un cheval et un âne. Les voitures ne valent pas mieux que les attelages; à deux roues, et les limons en l'air, il semble, à chaque instant, qu'elles vont se renverser en arrière.

On nous arrête, enfin, devant une petite porte, à laquelle il faut frapper à coups forts et redoublés. Nous entrons dans un jardin, qui nous mène à un bâtiment de médiocre apparence : c'est un couvent de Trappistes; les religieux sont dans leur chapelle, au nombre de vingt; ils chantent les psaumes de sexte; nous assistons à cet office, après lequel ils quittent leurs stalles, tous vêtus de robes de laine brune, avec cordelière autour des reins, et capuchon tombant entre les épaules; l'un d'eux vient à nous : c'est un homme de quarante à cinquante ans environ, de manières distinguées, parlant un français très pur; il est, nous dit-il, de Lille en Flandre. Il nous raconte que le supérieur de la communauté, le père Yvart, absent en ce moment, est également Français; neveu du général Hugo, il était commandant dans l'armée d'Afrique, quand il se décida à entrer dans la vie monastique. Les trappistes s'occupent à des travaux agricoles; on leur a fait, dans la campagne romaine, la concession de vastes terrains non cultivés, qu'ils défrichent; ils font des plantations d'eucalyptus; ces arbres poussent très vite et assainissent la contrée, autrefois fiévreuse, et actuellement salubre.

Tandis que le bon Père nous donne ces renseignements, nous traversons avec lui, sous un ciel de feu, une prairie, à l'extrémité de laquelle un petit pavillon nous indique l'entrée des catacombes. Armés chacun d'un bâton, autour duquel s'enroule une de ces bougies minces et flexibles appelées *rats-de-cave*, nous descendons dans les entrailles de la terre; il y fait un froid pénétrant; des ardeurs tropicales nous tombons dans les glaces du pôle, et du jour le plus étincelant dans la nuit la plus profonde. Des galeries étroites, sinueuses, obscures, sans aucune lumière, creusées dans le tuf, s'ouvrent devant nous, se multiplient, se croisent en tous sens, se prolongent dans toutes les directions : nous les suivons, un à un; nous passons de l'une à l'autre ; nous pouvons marcher ainsi plusieurs heures dans ces ténèbres, et parcourir les 16 kilomètres que mesurent ces régions souterraines. Involontairement, une poésie de Delille, terrifiante et de couleur locale, nous revient à la mémoire. Que deviendrions-nous, si nos bougies allaient s'éteindre, perdus dans ce dédale inextricable ?

Mais de tout autres pensées ne tardent pas à s'emparer de nos esprits. Nous sommes ici dans des lieux habités par les premiers chrétiens, sanctifiés par leur vie et par leur mort : c'est là, dans ces demeures introuvables, impénétrables et soustraites à tous les regards, qu'ils se réfugiaient pour échapper à la persécution des premiers siècles; c'est là qu'ils se réunissaient, pour la célébration des saints mystères; c'est là qu'ils ensevelissaient les martyrs, et tous leurs frères morts dans la foi. A la lumière de nos bougies nous voyons que les parois de toutes les galeries sont creusées d'excavations; c'étaient autant de sépultures; nous en avons compté jusqu'à douze étages, au-dessus les unes des autres; et, dans quelques-unes des ces tombes, nous avons encore trouvé des ossements, des fémurs, des tibias. Les martyrs étaient ensevelis dans des sortes de petites chapelles; on y disait la messe, et les chrétiens en rapprochaient le plus possible leurs sépultures. C'est dans une de ces petites chapelles que fut découvert, au seizième siècle, dans un état de conservation parfaite, le corps de sainte Cécile, vierge, d'une famille opulente, martyrisée au commencement du troisième siècle. Le sculpteur *Carlo Maderno* reproduisit fidèlement, en une statue de marbre, au-dessous de laquelle il écrivit : *Quod vidi, de marmore feci*, ce corps vénérable, dans l'attitude où il l'avait trouvé, drapé dans ses vêtements, étendu sur le côté gauche, la tête appuyée sur le bras gauche. Nous avons vu, le lendemain, cette belle statue dans l'église de *Santa Cecilia in Transtevere*, où elle est placée, près de la châsse qui renferme maintenant le corps de la sainte. Pouvions-nous oublier que, six ans auparavant, nous avions vu, à Bologne, le portrait de cette même sainte, l'un des plus célèbres chefs-d'œuvre de Raphaël?

Les murs des catacombes ne sont pas seulement creusés d'innombrables sépultures où des milliers de martyrs et de chrétiens ont été ensevelis, ils sont encore remarquables par des inscriptions et par des peintures. Ainsi, au-dessus de plusieurs tombes nous avons vu ces deux lettres en couleur parfaitement intacte : I. P. Ce sont les initiales des mots *in pace*, le verbe *requiescat* est sous-entendu. On y trouve fréquemment *un poisson;* c'est, nous a dit le père Trappiste, le monogramme de Jésus-Christ. On voit aussi, de place en place, un cerf, une colombe, un paon, une brebis et, parfois aussi, Jésus-Christ le bon pasteur, portant une brebis sur ses épaules; peintures du plus haut intérêt, vénérables, à tous égards, et par le divin sujet qu'elles représentent, et par leur signification allégorique, et par leur ancienneté, et par les pieuses mains qui les ont tracées.

Ces catacombes si précieuses, connues autrefois sous le nom de *cimetière de saint Calixte,* parce que le pape saint Calixte, martyrisé l'an 223, y avait été inhumé, furent, pendant plusieurs siècles, oubliées et perdues. Retrouvées un instant, au seizième sièle, à l'époque de la découverte du tombeau de sainte Cécile et de l'exhumation de cette sainte, elles furent de nouveau oubliées et perdues; des vignes plantées sur tout le terrain qui les recouvre en effacèrent jusqu'à la moindre trace. Mais, en 1850, M. de Rossi, savant archéologue, obtint du pape Pie IX l'acquisition de ces vignes, et alors des fouilles habilement dirigées permirent de revoir ces demeures et ces sépultures de nos pères dans la foi.

Cette visite dans les catacombes nous impressionna vivement : comment, en effet, aurions-nous pu voir, sans une pieuse émotion, ces mystérieux asiles des premiers chrétiens, ces refuges de tant de vertus, ces tombeaux de tant de saints et de tant de martyrs, dont nous pouvions encore, après tant de siècles écoulés, reconnaître et toucher les restes vénérables?

Mais des doutes, des incertitudes étaient dans notre esprit, relativement aux peintures allégoriques. Que signifiaient ces emblêmes? comment le *poisson* pouvait-il être le monogramme, la personnification de Jésus-Christ? — De retour à Paris, nous eûmes recours aux lumières de M. l'abbé Dumax, premier vicaire de Notre-Dame-des-Victoires; ce digne et sympathique ecclésiastique, chez lequel la science s'allie à la piété, avait fait une étude approfondie de Rome, où il avait longtemps séjourné; il était même l'auteur d'un intéressant travail sur les catacombes; il voulut bien répondre à nos questions, et résoudre nos difficultés.

Le *poisson* représente Jésus-Christ, car les cinq lettres du mot grec ἰχθῦς, qui signifie poisson, sont les initiales des cinq mots grecs suivants : Ιησοῦς Χριστὸς Θεου υιος, σωτήρ, qui veulent dire : *Jésus-Christ fils de Dieu, Sauveur.*

La *colombe*, messagère de la paix et de la vérité, emblème de la pureté et de l'innocence, est encore, à ces divers titres, le symbole de J.-C.

Le *cerf*, toujours errant et inquiet dans la forêt, représente l'âme chrétienne exilée sur la terre, et soupirant après le repos et les joies du ciel.

Le *paon*, par sa beauté, donne l'idée de l'éclat, de la splendeur dont brilleront, au ciel, les élus.

La *brebis* est l'image de la douceur et de la patience, dont le chrétien doit donner l'exemple.

Revenons maintenant sur la terre, et allons au delà de *la place et de la porte du Peuple*, dans les jardins de la *villa Borghèse*, rendez-vous de la société romaine; nous y trouverons la Reine Marguerite, dans une voiture à grande livrée rouge; toutes les têtes se découvrent à son passage; montons ensuite au *Pincio*, point culminant et magnifique promenade, d'où l'on jouit du panorama de Rome. En regagnant notre hôtel, nous passons devant deux fontaines monumentales : l'une nous montre Moïse, de grandeur colossale, faisant jaillir l'eau du rocher, qu'il frappe de son bâton; l'autre, la plus belle, la fontaine de *Trévi*, nous fait voir Neptune de grandeur colossale aussi, son trident à la main; il est debout sur son char attelé de chevaux marins; des Tritons armés de conques recourbées, dieux et monstres marins à figure humaine, moitié hommes et moitié poissons, le précèdent et l'escortent, en sonnant de la trompe; et de puissantes nappes d'eau jaillissent, tombent en cascades, et bouillonnent entre tous ces groupes d'un aspect aussi grandiose que vivant et mouvementé.

L'année dernière, à Madrid, nous avions vu Jésus-Christ montant au Calvaire, et tombant écrasé sous le poids de sa croix; cette année, au Vatican, nous le revîmes transfiguré au sommet du Thabor; ces deux merveilleuses toiles de Raphaël, les deux plus grands chefs-d'œuvre du maître, la *Transfiguration* et le *Spasimo*, nous présentent le Sauveur dans les deux conditions les plus opposées de sa vie mortelle; à Madrid, c'est la suprême humiliation de son humanité, accablée, défaillante, en face de la mort; à Rome, c'est la suprême glorification de cette même humanité triomphante, et dans l'éblouissant éclat d'un rayon de sa divinité.

Une des amies les plus intimes de ma chère Pauline, proche parente de M. le comte Lefebvre de Béhaine, ambassadeur de France auprès du saint-siège, nous avait vivement recommandés à Son Excellence; aussi le plus cordial accueil nous attendait à l'ambassade: nous y fûmes reçus à dîner, et nous y passâmes la plus agréable soirée. Le comte de Béhaine est un homme affable et sympathique, avec lequel, dès le premier abord, on se sent à l'aise, tant la plus aimable simplicité s'allie chez lui à la haute distinction des manières. Sa conversation, d'un intérêt toujours soutenu, est émaillée d'une gaîté communicative, des saillies d'un esprit fin, délicat et enjoué. La comtesse de Béhaine est une grande et noble dame, telle que doit être une ambassadrice de France, mais en même temps bonne, douce, gracieuse et d'un charme exquis. Le palais de l'ambassade est au Quirinal; c'est l'ancien palais du cardinal de Mazarin, palais dans la plus large acception du mot: entrée princière, vastes et splendides salons, luxueusement ornés de tout ce que les arts savent produire de merveilleux en tout genre.

C'était le mardi 28 juin, veille de la Saint-Pierre, la grande fête de Rome; le plan de notre voyage soigneusement étudié, tracé d'avance, et ponctuellement exécuté, nous avait amenés à Rome, juste et tout spécialement pour cette fête. Le matin même, grâce à la haute et bienveillante intervention de l'ambassadeur, un envoyé du Vatican s'était présenté à notre hôtel, porteur d'une lettre qui nous donnait la double faveur d'assister, le jour de la fête, à la messe du Saint-Père, dans sa chapelle, et ensuite d'être admis à une audience particulière. Nous ne pourrions dire la joie que nous en éprouvâmes, et combien nous fûmes heureux d'en exprimer notre gratitude à Son Excellence, car nous savions combien, sous le pape actuel, ces faveurs sont rares et difficiles à obtenir.

Le lendemain matin, dès 7 heures, nous montions, en tenue officielle, l'escalier du Vatican; on nous introduisait dans un premier salon, où étaient déjà réunies une douzaine de personnes privilégiées comme nous; puis nous passions dans un second salon, dont les sièges disposés en plusieurs lignes avaient tous la même direction. A 7 heures et demie, les deux grandes portes faisant face à ces sièges s'ouvrirent largement, et nous nous trouvâmes en présence d'un autel, dont les six grands cierges étaient allumés. Quelques instants après, Léon XIII parut, vêtu tout de blanc; d'une taille ordinaire, maigre et fluet, mais se tenant ferme et parfaitement droit; il fit l'aspersion de l'eau bénite, fut revêtu d'une riche chasuble rouge et or, et commença la messe assisté de trois prélats.

C'était une messe basse, mais dite à haute voix, et d'une voix lente, grave, sonore, tellement que chaque mot distinctement prononcé était parfaitement entendu. Le ton général, l'accentuation étaient empreints d'un sentiment profond de tristesse; les intonations étaient accompagnées et entrecoupées de gémissements, on eût dit que le prêtre suprême, le représentant de J.-C., se sentait comme accablé du poids des iniquités de la terre, qui pesaient sur lui, et qu'il exhalait sur l'autel du divin sacrifice la douleur dont son âme de *Père* et de *Pontife* était pénétrée.

Quelle scène émouvante, et que nous n'oublierons jamais ! Le jour même de la fête de saint Pierre, le premier des papes mis à mort et martyr à Rome, le pape son successeur, prisonnier au Vatican, nous admet auprès de lui ! Il dévoile en notre présence ses tristesses, ses amertumes, il nous en fait, en quelque sorte, les confidents ! et en même temps, par sa piété fervente, et la communion qu'il nous donne lui-même, à nous, et aux quelques personnes qui l'entourent, il nous montre où se trouvent les consolations et la force !....

La messe terminée, et pendant qu'au même autel un prêtre en dit une autre, le Souverain Pontife se retire dans un appartement voisin ; nous ne le voyons plus, mais nous entendons encore sa voix, et les accents touchants et plaintifs de sa prière, qui se prolonge jusqu'à la fin de la seconde messe. Il revient alors dans la petite chapelle, s'assied dans un fauteuil, et chacun des assistants est admis seul, et successivement, à une audience particulière.

Quand ce fut notre tour, Mgr Vulpe, le Préfet du Vatican, à qui nous avions été recommandés par l'ambassadeur, voulut bien nous présenter, ma chère Pauline et moi, de la manière la plus bienveillante; il daigna même, à mon grand étonnement de l'en savoir instruit, rappeler certain épisode de ma vie, pendant le siège de

Paris. Agenouillés devant le Saint-Père, et presque appuyés sur ses genoux, dans un entretien tout à fait intime, et que nous oserions appeler cœur à cœur, nous recueillîmes de sa bouche les paroles les plus précieuses et les plus paternelles ; il n'oublia pas la France, l'objet de ses sollicitudes. Pendant qu'il nous parlait, nous contemplions avec respect, et une pieuse avidité, ses traits augustes, son front largement développé, ses yeux doux et pénétrants, sa figure maigre, ascétique, mais d'une expression vive, empreinte de finesse, de bonté, quelquefois même d'enjouement, et tout cet ensemble qui fait de S. S. Léon XIII, indépendamment et abstraction faite de sa suprême dignité de Souverain Pontife, le vieillard le plus vénérable qu'on puisse imaginer. Il avait au doigt un admirable anneau pastoral en diamants, comme nous n'en avions jamais vu ; était-ce celui qu'il avait reçu, tout dernièrement, du sultan, et dont les journaux nous avaient décrit la magnificence? Nous lui baisâmes les mains, nous reçûmes sa bénédiction, et nous nous retirâmes, sous l'une de ces émotions qui font les grands jours de la vie.

Le temps avait passé vite, il était dix heures ; nous descendîmes à la basilique Vaticane. C'était la fête patronale, la fête de saint Pierre, la grande fête de Rome. Nous y avions vu, dès les jours précédents, de grands préparatifs; tous les piliers, dans toute la longueur de l'église, avaient été couverts de tentures rouge et or ; la statue de saint Pierre avait été revêtue d'une chappe de drap d'or, couronnée d'une tiare de grand prix, et ombragée d'un dais de velours cramoisi, à crépines d'or. L'autel papal, placé sur le tombeau du prince des Apôtres, et dont les colonnes, les statues, le couronnement et la croix de bronze, s'élèvent si majestueusement, sous la coupole de Michel-Ange, avait été entouré de flambeaux, de vases, de guirlandes de fleurs. Deux tribunes, surmontées chacune d'un buffet d'orgue, et pouvant contenir deux cents artistes chanteurs et instrumentistes, se profilaient en regard l'une de l'autre, de chaque côté du chœur. Des festons de fleurs et de feuillages se balançaient au-dessus, et en dehors du grand portail.

Vingt-six ans auparavant, et à pareil jour, en 1861, sous le pontificat de Pie IX, nous étions à Rome. A cette époque, la fête de saint Pierre était à la fois extérieure et intérieure, des salves d'artillerie étaient tirées au château Saint-Ange, les troupes étaient sur pied, la coupole, tout le portail de la basilique étaient illuminés du haut en bas, c'était un spectacle splendide, nous l'avons décrit dans le premier volume des *Vacances d'un médecin*.

Actuellement, tout se passe dans l'église, le gouvernement, la municipalité n'y prennent aucune part officielle. Mais toute la population n'en est pas moins en fête, le centre de la fête est la basilique. Les habitants, peuple et haute société, s'y portent en masse, elle peut contenir *quatre-vingt mille personnes*. De tous les points, de tous les quartiers de la ville, de longues files de voitures convergent vers Saint-Pierre, elles sont si nombreuses, elles se pressent en lignes si serrées, que la traversée des rues serait impossible, si, par intervalles, des agents ne les arrêtaient pas, comme à Paris, sur nos grands boulevards. L'immense place, ornée de l'obélisque de Sixte-Quint, de deux fontaines jaillissantes, et entourée de la belle colonnade du Bernin, est noire et houleuse d'une multitude immense, qui monte vers l'église qui en descend; les cinq portes du grand vestibule largement ouvertes sont littéralement encombrées par le double courant de la foule qui sort, et de la foule qui entre, et qui afflue incessamment de tous les côtés, et d'aussi loin que la vue peut s'étendre, c'est un coup d'œil indescriptible.

Les trois grands offices, les premières vêpres de la veille, la grand'messe, et les vêpres du jour, furent célébrés par le cardinal Howard, archiprêtre de Saint-Pierre, assisté d'un nombreux clergé. Ces offices sont absolument différents des nôtres; le chant est exclusivement musical; ce sont des mélodies qui se suivent sans discontinuité, pendant deux heures consécutives; ainsi le chant des cinq psaumes, et de l'hymne des vêpres, commencé à six heures, ne s'est terminé qu'après huit heures du soir. Notre plain-chant si imposant, si sévère, si religieux, est absolument inconnu. Sans doute l'oreille est charmée par cette réunion, par ces accords de voix si belles et si nombreuses; sans doute, après les modulations savantes, les élans et les délicieuses fioritures de *soli*, exécutés par les premiers artistes de Rome, il y a de magnifiques reprises en chœur; et quand les chanteurs, les orgues, les instruments des deux tribunes donnent tous à la fois, à l'unisson, et en masse, il y a des effets prodigieux et saisissants. Ainsi, à cette strophe de l'hymne des vêpres, qui évoque et salue, en termes admirables, la naissance de la Rome chrétienne, fécondée par le sang des martyrs, ce fut comme une explosion, comme un cri sublime d'enthousiasme et d'adoration, qui éclatèrent et retentirent sous ces voûtes immenses poussés en même temps, et répétés deux fois, et sans accompagnement, de toute la puissance des voix humaines, par ce formidable et incomparable ensemble; jamais nous n'avions rien entendu d'aussi beau, d'aussi merveilleux.

Mais pourquoi *toujours*, et *sans interruption aucune*, cette symphonie perpétuelle?

Ne se fatigue-t-on pas de cette continuité, de cette exubérance de richesses musicales? et la noble simplicité de quelques morceaux, de deux psaumes, par exemple, de notre plain-chant, intercalés entre toutes ces combinaisons harmoniques et mélodiques, n'en ferait-elle pas ressortir davantage encore le mérite? Ne serait-elle pas un repos pour l'esprit? et en même temps ne donnerait-elle pas un point de repère, pour se reconnaître dans l'office? D'autre part, l'alternance du plain-chant et de la musique ne produirait-elle pas un heureux contraste, en mettant en regard et en opposition les beautés de chacun de ces deux genres? Que *il signor Kapozzi*, le grand maître de la *Maëstria* des églises de Rome, veuille bien me permettre de lui soumettre ces quelques réflexions, et de lui demander s'il connaît notre *Credo* de Dumon? notre chant triomphal du *Magnificat?* nos deux *Sanctus* et nos deux *Laudate* d'Ambroise Thomas et d'Adam?

Si le chant romain diffère essentiellement du chant français, l'assistance dans la grande basilique, à Saint-Pierre en particulier, n'est pas moins différente, dans son aspect et dans sa manière d'être, de ce qu'elle est dans nos églises. Il n'y a pas un seul siège, tout le monde est debout; les uns stationnent, attentifs et immobiles; les autres circulent, cherchant une place meilleure; d'autres vont et viennent, se promènent. causent; et ce sont souvent les prêtres, les moines de tous les ordres, qui donnent l'exemple de ces conversations, de ces causeries, acceptées et passées en usage. Personne, ou presque personne n'a de livre; au premier abord, on est peu édifié; mais il faut songer que chaque peuple a ses habitudes : *sic volet usus*, disait autrefois Horace, c'est donc l'usage. Et d'ailleurs, on sent que toute cette assistance est vraiment animée par un sentiment religieux, mais l'expression de ce sentiment est tout autre de ce que nous la voyons dans nos églises de France.

Nous étions placés tout au fond de l'abside, sur les marches de la chapelle que surmonte, entourée d'un rayonnement d'or, la chaire du prince des apôtres. De là, nous planions sur une merveilleuse perspective ; d'abord la foule, une foule comme on n'en peut voir qu'à Saint-Pierre, de 40, de 50, de 60,000 personnes : puis le chœur, avec ses deux orgues et ses deux tribunes de chanteurs et d'instrumentistes, son nombreux clergé, et le cardinal officiant, assis devant l'autel Papal, qui s'élevait, étincelant de lumières, superbe d'élégance et de majesté, au milieu d'un océan de têtes humaines, au centre du temple le plus immense, et sous la coupole la plus grandiose et la plus magnifique de l'univers.

A huit heures du soir, nous quittions Saint-Pierre, ravis, émerveillés de cette grande journée, commencée dans l'ineffable suavité des émotions du Vatican, continuée et terminée dans les incomparables splendeurs de la métropole du monde catholique. Nous allâmes, comme d'habitude, dîner sur la *place Colonne*, ornée de la colonne Antonine, qui consacre le souvenir de l'empereur Marc-Aurèle et de ses victoires sur les Marcomans, 177 ans après J.-C. Nous eûmes le regret, dans cette même soirée, de voir partir M. Dufrénoy, notre excellent compagnon de voyage ; de pressantes affaires le rappelaient à Paris.

FLORENCE — PISE — MILAN

FLORENCE — PISE — MILAN

Arrivés à Rome, le samedi 25 juin, à huit heures du soir, nous en sommes partis le jeudi suivant, 30 juin, à midi; mais, dans la matinée, et avant notre départ, nous voulûmes revoir Sainte-Marie-Majeure, Saint-Jean-de-Latran, le musée du Vatican et Saint-Pierre, notre première et notre dernière visite, à tous nos voyages à Rome.

A midi nous prenions l'express de Florence. Au sortir des grandioses solitudes de l'*Agro romano*, nous entrions dans les frais et fertiles paysages de l'Ombrie; campagnes délicieuses et verdoyantes; villes et villages perchés, comme en Sicile, sur les collines et les montagnes. De la vallée du Tibre, nous passons dans la vallée de l'Arno, et pendant quelques minutes le train s'arrête devant *Orvieto*, gracieuse ville qui domine la contrée, autrefois de l'État pontifical. Si nous n'avons pas le temps de visiter la belle cathédrale, nous pouvons, du moins, nous faire servir, en passant, une de ces bouteilles de vin blanc à goulot fluet, qu'entourent des tresses de jonc, aimable petit vin, justement renommé, dont nous avions gardé un ancien et joyeux souvenir. Nous côtoyons le lac de Trasimène, qui nous rappelle l'écrasement de l'armée romaine, à la fameuse victoire remportée par Annibal, sur le consul Flaminius Népos, 217 ans avant J.-C. — La voie ferrée s'engage dans les Apennins, et nous suivons cette route si pittoresque que nous avions déjà connue, et tant admirée en 1881, en allant de Florence à Rome. Ce ne sont, de tous côtés, que gorges sauvages et profondes, que montagnes abruptes, couvertes de sapins et percées de nombreux tunnels, au sortir desquels, dans la belle plaine de la Chiana, nous trouvons *Arezzo*. Cette petite ville de l'ancien grand-duché de Toscane fut la patrie de Mécène, de Pétrarque, l'amant toujours malheureux de Laure, et du satirique et grivois l'*Arétin*. poète mécréant, vénal et venimeux, chassé de Rome, pour ses compositions obcènes, par le pape Clément VII, et qui, en mourant, à Venise, en 1554, osait prononcer ces paroles : *J'ai dit du mal de tout le monde, excepté de Dieu, parce que je ne le connais pas.* Nous avions vu sa figure effrontée, sculptée en bronze par *Sansovino*, sur la porte de la sacristie de la basilique de Saint-Marc.

A sept heures du soir, nous étions, pour la troisième fois, à *Florence*, et nous descendions à l'excellent *hôtel de Washington*, sur le quai de l'Arno, qui coulait à pleins bords sous nos fenêtres, et dont les eaux scintillaient de l'éclat du plus ravissant clair de lune.

Chers lecteurs, n'attendez pas une description de Florence; il y faudrait un séjour d'un mois, et un volume ne suffirait pas. Son nom signifie qu'elle est la ville *des fleurs;* mais elle est bien plus encore la ville *des arts;* les arts y sont représentés partout, et dans tous les genres. Les musées sont des mondes où sont exposés, en immenses collections, les produits les plus magnifiques du génie des temps anciens et des temps modernes. Les églises, les palais, les établissements publics, les boutiques de mosaïques, de vues panoramiques, de pierres dures, sont aussi de véritables musées ; les murailles des couvents sont peintes à fresques, ou disparaissent sous d'admirables toiles. La *Place du Grand-Duc*, ou *dei signori*, ou du *Palazzo Vecchio*, est ornée d'une fontaine de Neptune et de la statue équestre du grand-duc Cosme Ier, par *Jean de Bologne;* sous la Loggia de Lanzi, l'ancien corps de garde des lansquenets des Médicis, on admire le Persée en bronze de *Benvenuto Cellini;* l'enlèvement de la Sabine, Hercule et le centaure Nessus, par *Jean de Bologne.*

Sur la *place du Dôme* se déploie, dans toute sa magnificence, la masse colossale de la cathédrale, surmontée de la coupole de Brunelleschi, revêtue, extérieurement, et dans toutes ses parties, d'une mosaïque de marbres de diverses couleurs ; son portail, terminé seulement cette année, est un chef-d'œuvre de richesse, d'élégance, de délicatesse sculpturales ; son campanile est une ravissante création de *Giotto*, que Charles-Quint aurait voulu couvrir d'un étui ; et le baptistère a des portes de bronze, sculptées par *Ghiberti*, si merveilleusement belles que Michel-Ange disait : *qu'elles mériteraient d'être les portes du ciel.*

A Florence, tout redit la gloire des Médicis, ces modernes *Mécènes*, ces protecteurs, ces pères des arts, cette illustre et opulente famille qui gouverna la république florentine pendant les quatorzième, quinzième et seizième siècles, qui donna à l'Église les papes Clément VII et Léon X; et à la France deux reines : Catherine de Médicis, épouse de Henri II, mère de Charles IX, à laquelle nous devons le Louvre et les Tuileries; et Marie de Médicis, épouse de Henri IV et mère de Louis XIII. Sous le règne des Médicis, Florence se couvrit de monuments; ainsi le *palazzo Vecchio*, résidence du grand-duc Cosme; le palais *Pitti*, où ses successeurs s'établirent de préférence; la *chapelle de Médicis*, destinée d'abord à recevoir le saint sépulcre, devenue ensuite leur chapelle funéraire, fastueux et splendide édifice enrichi des marbres les plus rares, des pierres les plus précieuses; l'église Saint-Laurent, dont une chapelle renferme les merveilleux tombeaux de Laurent de Médicis (*il Pensiero*, le Penseur) et de Julien de Médicis, admirables chefs-d'œuvre de Michel-Ange.

Dans les églises, les murs, les chapelles, les voûtes, les piliers, les autels, les sacristies, les cloîtres, les portiques, les vestibules, sont couverts de statues, de bas-reliefs, de sculptures, de fresques, dont les guides s'obstinent à vous nommer tous les auteurs; et alors, c'est une nomenclature, illustre sans doute, mais interminable, et il faut, bon gré mal gré, entendre sans cesse redire et répéter les grands noms de Donatello, de frà Bartholoméo, de frà Beato Angélico, de Fiesole, de Giotto, de son petit-fils Giottino, du Guerchin, de Bandinelli, de Masaccio, de Ghirlandajo, de Luca Giordano, de Giorgione, de Luca della Robbia, du Tintoret, d'Allori, d'Empoli, du Titien, du Pérugin, de Taddeo Gaddi, de

Garofalo, de Matteo Roselli, de Filippino Lippi, de Palma Vecchio, d'Andrea del Sarto, de Salvator Rosa, de Benvenuto Cellini, de Guido Reni, de Vasari, de Bernardino Luini, de Cimabuë, de Bronzino, de Santarelli, d'Andrea Orcagna, de Carlo Dolci, etc., etc. : c'est sans fin, on demande grâce, assourdi de tant de noms, de tant de gloires, ébloui, étourdi de tant de chefs-d'œuvre ; et quand, déjà fatigué de la tête et des jambes, on voit s'ouvrir, au musée des Uffizzi, des galeries d'un kilomètre de longueur, ou quand, au palais Pitti, on vous introduit dans la première des huit cents chambres que vous aurez à visiter, alors on n'a plus qu'un désir, qu'un rêve, c'est de regagner au plus vite sa voiture, de s'y reposer et de se faire conduire, pour respirer un peu de fraîcheur, *aux Cascines*, jolie promenade, rendez-vous de la population, des riches équipages comme des simples bourgeois, épais ombrages, longues allées de beaux arbres, baignées d'un côté par l'Arno, et de l'autre ayant vue sur la chaîne des Apennins.

Nous allâmes au couvent de Saint-Marc, dont *Savonarole* était prieur ; la grande salle des fêtes du *palazzo Vecchio* est ornée de la statue de cet éloquent et célèbre dominicain. Ambitieux, exalté comme tous les révolutionnaires, il contribua à renverser les Médicis, s'empara du pouvoir, qu'il garda pendant trois ans, ne recula, pour le conserver, devant aucune exécution sanguinaire, perdit tout crédit, et finit par être condamné à mort et brûlé vif, par un arrêt de la seigneurie de Florence, le 23 mai 1498.

Nous visitâmes la grande église de *Santa Croce*, du

treizième siècle, éclairée par de superbes vitraux gothiques; on pourrait l'appeler le Panthéon de Florence, remplie qu'elle est d'illustres tombeaux, parmi lesquels nous avons remarqué ceux de Michel-Ange, du Dante, de Machiavel, de Galilée, de Cherubini, né à Florence en 1760, mort à Paris en 1842, surintendant de la musique de Louis XVIII, membre de l'Académie des beaux-arts, directeur de notre Conservatoire, auteur de la messe du sacre de Charles X, que nous avons entendu exécuter plusieurs fois, à Saint-Roch et à Notre-Dame-des-Victoires. Nous y avons vu la place où, quelques mois auparavant, avait été déposé Rossini, qui attend encore son tombeau.

A l'est de Florence, sur la rive gauche de l'Arno, au delà du palais Pitti et des jardins *Boboli*, s'élève la colline de *San Miniato*. Nous l'avions déjà gravie en 1861, et en 1881, nous voulûmes la gravir encore en 1887. On suit les sinuosités, les pentes raides, quoique bien ménagées, du boulevard de Michel-Ange, bordé, à droite et à gauche, d'élégantes villas, de parterres fleuris, de délicieux ombrages. De la plate-forme, au milieu de laquelle est placé le *David* de Michel-Ange, on jouit d'un magnifique panorama sur toute la ville de Florence, sur ses églises, ses monuments, ses promenades, ses jardins, sur le cours de l'Arno, sur les montagnes de Fiesole. Tout à fait au sommet de la colline est l'église de San Miniato, remarquable par la richesse de ses mosaïques. Tout autour de l'église, et en vue de splendides perspectives, s'étend le cimetière des grandes familles de Florence.

Il y a là une multitude de tombes en marbre blanc, de tous les styles, de toutes les dimensions. Nous n'avons pu voir quelques-unes de ces tombes, sans une véritable émotion : ici, c'est une jeune femme, belle comme un ange, qui s'envole de la terre; d'une main, sur ses lèvres, elle envoie un dernier baiser à ceux qu'elle aime, en leur disant : *Addio!* (adieu); de l'autre, elle leur montre le ciel, où elle va les attendre. Là c'est une noble dame, doucement endormie dans le Seigneur; sa vie n'a été qu'une longue suite de bonnes œuvres; *elle a passé en faisant le bien!...* des pauvres sont à ses pieds, prient et pleurent!..... n'est-ce pas la plus éloquente, la plus touchante de toutes les oraisons funèbres? et les larmes et les prières du pauvre ne vont-elles pas droit au cœur de Dieu? Une autre tombe nous montre la mort dans ce qu'elle a de plus consolant, et, si j'osais le dire, de plus poétique, de plus suave, de plus radieux : une petite fille de cinq ans, *Bianca*, vient de mourir!... elle aperçoit dans le ciel, appuyée sur une croix, au milieu de touffes de roses, la figure rayonnante de sa sœur *Emma*, morte avant elle; dans sa joie de la revoir, dans son empressement à la rejoindre, elle renverse ses jouets, sa poupée, son petit fauteuil, et avec sa petite robe et son gracieux sourire d'enfant, elle court, monte, les bras tendus vers sa sœur, qu'elle retrouve... et au-dessous de ce groupe ravissant, on lit : *Chers parents, ne pleurez pas!..... Emma et Bianca sont heureuses; elles chantent, avec les anges, les louanges de Dieu, et nous prions pour vous!*

Entre nos deux journées de Florence, nous en avons intercalé une, consacrée à *Pise*. Le samedi 2 juillet, partis de Florence à huit heures du matin, nous étions à *Pise* à dix heures. On m'avait appelé dans cette ville pour une consultation médicale. Arrivé chez la malade au jour et l'heure précise que j'avais indiqués, j'y trouvai le médecin habituel, le docteur *Cesare Salama*, médecin en chef de l'hôpital. Après notre consultation, ce savant confrère me demanda de lui donner encore mon avis pour une autre de ses malades, et nous nous rendîmes ensemble au plus beau palais de Pise. J'eus ainsi l'occasion de voir ce que sont, à Pise, les habitations princières et de haute lignée. Après ces deux devoirs professionnels remplis, je me hâtai de rejoindre, à l'hôtel, ma chère compagne de voyage, et nous nous mîmes immédiatement en voiture pour visiter la ville.

Pise, qui au moyen âge avait 150,000 habitants, n'en a plus aujourd'hui que 40 à 50,000; elle est donc en pleine décadence, peu vivante, presque déserte. Avant l'unification de l'Italie, elle faisait partie du grand-duché de Toscane. Bâtie sur les deux rives de l'Arno, elle a de beaux et larges quais; en hiver, la température y est douce, égale et humide; aussi, dans cette saison, convient-elle aux formes phlegmasiques de la tuberculose pulmonaire. Quant à l'été, il y est brûlant, à en juger, du moins, par la journée du 2 juillet, que nous y avons passée.

Les quatre monuments qui font de Pise une ville très intéressante se trouvent réunis sur la même place :

1° La *cathédrale*, magnifique église du douzième

siècle, à cinq nefs, soutenue par deux cent soixante colonnes, éclairée par de splendides verrières, ornée de superbes mosaïques. Nous avons vu, encore suspendue à la coupole, point d'intersection des deux grandes nefs, longitudinale et transversale, la fameuse lampe de bronze, dont les oscillations firent découvrir à Galilée les lois de la pesanteur, et lui donnèrent l'idée du pendule.

2° La *Tour penchée*, de la même époque, est ronde; elle a huit étages circulaires de colonnes superposées. Son aspect est lourd et disgracieux; son inclinaison, loin de charmer, étonne, effraye et choque la vue; elle est de plus de 4 mètres, et inspire une involontaire appréhension, lorsque surtout on voit, d'en bas, comme nous les avons vues, les sept grosses cloches de la galerie supérieure, mises en branle, toutes à la fois, et sonner à toute volée. Il semble alors que la tour, si visiblement inclinée, va tomber, sous l'influence de pareilles secousses, d'un pareil ébranlement. Galilée se servit de cette inclinaison pour étudier et formuler les lois de la gravitation et de la chute des corps.

3° Le *Baptistère*, des douzième, treizième et quatorzième siècles, est une chapelle de forme circulaire, située en face du portail de la cathédrale, et consacrée seule, et à l'exclusion de toute autre église ou chapelle, à tous les baptêmes de la ville et des environs. Il est orné d'une statue en bronze de saint Jean-Baptiste, de précieuses mosaïques, enlevées de Sainte-Sophie de Constantinople, et d'une chaire à prêcher du treizième siècle, supportée par sept colonnes appuyées sur des lions, œuvre remarquable de *Nicolas de Pise*.

4° Le *Campo santo* est un monument des treizième, quatorzième et quinzième siècles. Commencé, en 1278, par *Jean de Pise*, fils de *Nicolas de Pise;* il était le cimetière des grands hommes pisans, et on l'avait pourvu de terre sainte, rapportée de Jérusalem. Il représente un vaste rectangle, formé par quatre galeries, dont les deux longitudinales sont beaucoup plus longues que les deux galeries transversales des extrémités. Ces galeries sont soutenues, en dehors, par des murs pleins; en dedans, par des piliers et des arcades ogivales. Les murs sont couverts de fresques et ornés de statues et de tombeaux. Nous y voyons une belle madone en terre cuite, de Luca della Robbia, des statues, des sarcophages de *Nicolas* et de *Jean de Pise*, tous deux architectes et sculpteurs, et, dans les peintures, nous retrouvons les noms de *Giotto*, d'*Orcagna*, de *Taddeo Gaddi*. Les quatre galeries laissent entre elles un espace vide, grande cour de forme parallélogrammique, régulière.

Dans notre course d'exploration à travers la ville, nous avons vu les restes de la fameuse *Tour de la faim*, de sinistre mémoire, démolie au seizième siècle, dans laquelle, en 1288, Roger d'Ubaldini, archevêque de Pise, fit enfermer le cruel et traître *Ugolin*, tyran de sa patrie, et l'y laissa mourir de faim, avec ses trois fils et son petit-fils. Nous avons vu aussi la maison où naquit *Galilée*, l'illustre savant, l'expérimentateur de génie, à qui la science est redevable du pendule, des lois de la pesanteur, de la gravitation des corps, de la démonstration du système de Copernic, établissant en principe que la terre se meut, et qu'elle tourne autour du soleil immobile. On rapporte que forcé, par le tribunal de l'Inquisition, de rétracter ses doctrines relatives aux mouvements de la terre, dont l'immobilité était regardée presque comme article de foi, il se désavoua en effet, mais ne put s'empêcher de dire à demi-voix, et en plein tribunal : *Et pourtant elle tourne !.....*

Après une belle promenade sur les bords de l'Arno, en vue des montagnes pisanes, dépendance des Apennins, nous reprîmes, à six heures, le chemin de fer de Florence, où nous étions de retour à huit heures.

Le lendemain dimanche, en entrant, pour la grand' messe, dans la riche et vaste *église de l'Annonciation*, quelque chose d'étrange attira notre attention, c'était le bruit et le mouvement des éventails. D'un bout à l'autre de l'église, nous les voyions se déplisser, s'ouvrir, s'étaler, s'agiter de toute la surface de leur large envergure, puis se replier, se refermer, avec une sorte de crépitation, de frôlement semblables au bruissement des ailes de ces bandes d'oiseaux qui traversent les airs, ou qui prennent subitement leur vol : nous aurions pu nous croire encore en Espagne.

Florence est une ville délicieuse, une des plus agréables de toute l'Italie. Qu'il ferait bon passer un hiver dans la douceur de son climat, sous son ciel limpide, dans ses brises toujours tièdes et jamais glacées! qu'il ferait bon vivre au milieu de tant de merveilles, dans cette atmosphère des arts, qui a fait éclore tant de chefs-d'œuvre! respirer cet air, embaumé de tant de fleurs des rives de l'Arno, que tant de grands hommes ont respiré, au siècle des Médicis!... Que de choses à étudier, et toujours à admirer! quel charme de savourer lentement et à petites doses, de voir et de revoir les tombeaux de Michel-Ange! la tribune, les galeries des Uffizi! les Niobites! les Raphaël, les splendeurs du palais Pitti! les statues, les tableaux, les fresques de tant d'hommes illustres! le Baptistère, le Dôme, son campanile, création de Giotto, l'ami du Dante, à la fois poète, peintre, architecte et sculpteur! Quel charme encore de prier, de rêver, de songer à toutes les gloires du passé, dans ces églises, dans ces couvents, dans ces cloîtres, où l'on retrouve partout les suaves et magnifiques empreintes de la vertu, du travail, du génie! Quel bonheur ce serait aussi de gravir souvent la colline de San-Miniato, et là, parmi les tombeaux, de contempler à ses pieds, pendant de longues heures, cette ville de Florence si grande, si belle et si pleine de poésie dans les fastes de son histoire, si riche et si belle encore, à l'heure présente!.....

Mais il faudrait du temps, beaucoup de temps, et nous n'en avions pas! aussi nous dûmes partir pour *Milan*, le 4 juillet, à huit heures du matin. Première station, à *Pistoie*, ancienne ville des Étrusques, où 63 ans avant Jésus-Christ, Pétréius, lieutenant du consul Antonius, battit Catilina, le père de nos révolutionnaires. Deuxième station, à midi, pour déjeuner à *Bologne*, grande ville que nous avions visitée en 1881, annexée, en 1513, par Jules II, aux États pontificaux, dont elle fit partie jusqu'en 1859; elle donna le jour au *Guide*, au *Dominiquin*, à l'*Albane*. Troisième station, à *Modène*, ville de 50 à 60,000 habitants, capitale de l'ancien duché de Modène, annexée comme Bologne au royaume d'Italie, en 1859. Quatrième station, à *Parme*, célèbre par les peintures du *Corrège*, capitale du grand-duché de Parme, en 1802, sous Napoléon, chef-lieu du département du *Taro*. Cinquième station, à *Plaisance*. Sixième station, à *Lodi*, qui nous rappelle le fameux *Passage du pont de Lodi*, brillante victoire remportée en 1796, sur les Autrichiens, par le général Bonaparte.

Nous approchions de *Milan*; allions-nous y voir notre bon frère Paul?... Nous y étions au jour précis que nous lui avions indiqué d'Athènes. D'après l'itinéraire tracé, il avait dû coucher le 3 à Turin, et arriver le 4 à Milan, vers deux heures après midi; nous y arrivions, nous, à cinq heures. Nous étions donc, en dépit des distances, d'une scrupuleuse exactitude, au rendez-vous donné. Malheureusement, lui ne s'y trouvait pas; nous courûmes à la poste où des lettres, tout en nous rassurant sur sa santé, nous apprirent qu'il n'avait pas jugé prudent de se mettre en route. Ce fut pour nous une grande déception, un vif et profond regret. Nous aurions voulu lui faire connaître l'immense et magnifique cathédrale en marbre blanc, que nous revîmes avec admiration, dès le soir même. J'en ai trop parlé, dans le premier et le second volume des *Vacan-*

ces d'un médecin, pour ne pas craindre des redites, si j'essayais, une fois de plus, de décrire le caractère grandiose et les richesses de toute nature de ce prodigieux édifice, l'une des merveilles de l'Italie. Le lendemain matin, messe à la cathédrale, visite à la basilique ambroisienne, aux églises de Saint-Eustorge, de Notre-Dame de la Grâce, à la fameuse fresque de Léonard de Vinci, l'une des pages les plus splendides de la peinture italienne.

LES LACS DE COMO, DE LUGANO
LE LAC MAJEUR — LE SAINT-GOTHARD — BALE
TROYES

LES LACS DE COMO, DE LUGANO LE LAC MAJEUR — LE SAINT-GOTHARD — BALE TROYES

A deux heures après midi, départ pour *Como*. A trois heures nous nous embarquons sur ce lac ravissant, déjà décrit dans les précédentes *Vacances d'un médecin*. Nous revoyons ces rives enchanteresses, ce pittoresque encadrement de montagnes, ces gracieux et verdoyants paysages, ces villas princières, ces plantations de lauriers roses, d'orangers, de magnolias. Tout nous rappelle les terres fécondes, les riants aspects du Portugal, délicieux pays aussi, où nous avons une amie que nous n'avons jamais vue; mais ses lettres charmantes nous ont révélé son esprit et son cœur.

A sept heures, nous débarquons à *Menaggio*, en face de *Bellagio*, échelonné sur la rive opposée; notre hôtel est un palais, et au bord de ce lac nous sommes dans un paradis terrestre.

Le 6, à dix heures du matin, un chemin de fer de montagnes nous fait traverser la zone alpestre qui sépare le lac de Como du lac de *Lugano*. A *Porlezza*, nous prenons le bateau à vapeur de *Lugano*, jolie ville riveraine de *ce lac de Lugano*, qui m'avait laissé de si

9.

poétiques souvenirs, esquissés au premier volume des *Vacances d'un médecin*. Déjeuner à notre ancien *hôtel du Parc*, d'où un bateau nous mène à *Porto*, tout au fond du lac.

De Porto, une voiture nous conduit en deux heures, à travers des campagnes plantureuses et accidentées, à *Varèse*. C'est une ville de 15,000 âmes, italienne, remarquable par sa situation sur un plateau élevé, d'où se développe un magnifique panorama de plaines et de montagnes; elle est bâtie en amphithéâtre, au bord du *lac de Varèse;* presque toutes ses maisons ont de beaux jardins, et ses environs sont peuplés de villas, appartenant aux riches Milanais. Nous nous sommes arrêtés quelques instants au splendide *hôtel Excelsior*, ancien collège de jésuites, entouré d'un parc superbe. Varèse est une résidence des plus agréables.

Toute cette partie du Milanais, l'ancienne Lombardie, s'étendant du versant méridional des Alpes jusqu'à Milan, est une nature de la plus ravissante beauté; c'est la Suisse avec ses grandeurs, et la variété de ses sites, avec ses lacs, ses vallées, ses hautes montagnes, mais de plus, avec le climat du midi, le ciel et la végétation d'Italie; aussi ses lacs ont un charme, une élégance que n'ont pas, en général, les lacs de la Suisse; leur aspect est moins sévère, leurs rives sont plus fleuries, plus riantes, plus émaillées de villas, de parcs et de jardins.

A cinq heures et demie, nous quittons Varèse en chemin de fer; en une demi-heure, nous sommes à *Laveno*, sur le bord du lac *Majeur*. Pendant deux heures, nous navignons sur ce lac magnifique ; nous passons devant *Pallanza*, *Baveno*, les *îles Borromées*, et à huit heures nous arrivons à *Strezza*, notre destination. Mais il y a un gros temps ; le vent souffle ; le lac est agité, ses vagues furieuses s'amoncèlent, se brisent les unes contre les autres, rejaillissent bien haut et bien loin sur le rivage ; le paquebot ne peut pas aborder, il reste au large ; c'est à se croire sur la mer, et dans un jour de tempête ; il faut descendre dans une barque, et secoués, ballottés, nous finissons par prendre terre, et par entrer au *grand hôtel Borromée ;* vrai palais, plus beau encore et plus grand que celui de Menaggio. Sa situation est admirable, il s'élève à la base d'une montagne de la plus plantureuse végétation ; c'est une forêt sillonnée de larges et ombreuses percées ; l'une de ses faces s'ouvre sur un parc qui mène à la forêt ; l'autre sur un parterre de verdure et de fleurs, qui descend en pente douce, jusqu'au lac. De notre balcon nous planons sur un des plus splendides horizons qu'on puisse rêver : à nos pieds, un jardin délicieux baigné par le lac ; en face de nous, le lac ; d'un côté, c'est une mer sans rivage ; de l'autre, sur la rive opposée, la ville de Pallanza, dominée par quatre ou cinq étages de cimes alpestres, affectant les formes les plus diverses, aiguës, arrondies, couvertes de prairies, de sapins, de neiges éternelles. A notre gauche, la route, qui de Baveno s'enfonce dans les gorges du Simplon ; à notre droite, toute une ligne de luxueuses habitations, de villas princières ; et au milieu du lac, les trois îles Borromées, avec leurs bosquets, leurs terrasses, leurs statues et leurs palais. Autrefois, ce n'étaient que des rochers arides, mais au dix-septième siècle, le prince Vitaliano Borromée en fit de ravissants séjours, d'où se déroulent, tout à l'entour, des panoramas plus ravissants encore. Quelques années auparavant, nous avions visité la plus belle des trois, *isola Bella*.

La journée du 7 fut une journée de repos ; nous la passâmes tout entière sur notre balcon, à jouir, à nous gaudir, à nous délecter de ces merveilleux points de vue, de cette nature si grande et si belle, si riche et si épanouie. Et tout en admirant tant de beautés, dont nos yeux ne pouvaient se détacher, nous écrivions à nos amis, nous déversions dans leur âme le trop-plein d'enchantement, qui débordait de la nôtre.

La journée du 8 fut plus saisissante encore. Avant cinq heures de matin, nous étions embarqués ; nous contournions les *îles Borromées;* nous nous arrêtions quelques instants aux stations de *Baveno*, de *Pallanza*, de *Luino*, et à dix heures, nous montions à *Locarno*, dans le chemin de fer de *Bellinzona* et du *Saint-Gothard ;* route extraordinaire, stupéfiante ; triomphe incroyable du génie de l'homme sur les difficultés les plus inouïes, sur les obstacles les plus insurmontables. A *Airolo*, où, en 1861, nous avions, un dimanche, assisté à la messe en revenant d'Italie, s'ouvre le grand tunnel de 15 kilomètres de longueur ; on le parcourt en vingt-cinq minutes ; on en sort à *Gœchenen;* il est une heure après midi : là, nous quittons le chemin de fer, et, grimpant sur l'impériale d'un omnibus, attelé de cinq chevaux, nous rebroussons chemin, et par l'ancienne route du

Saint-Gothard, nous gravissons, sur le bord de précipices effroyables, et au pied de rochers gigantesques et sauvages, les pentes qui mènent au *pont du Diable*. Nous traversons ce pont, hardiment, témérairement jeté sur *la Reuss*, par le diable lui-même, dit-on, seul capable d'une pareille audace, au point même où elle devient une admirable cascade : elle s'élance dans un gouffre ; ses eaux bouillonnantes se heurtent avec fracas, se brisent, mugissent, bondissent blanches d'écume, rejaillissent en poussière, en fumée ; les rayons du soleil s'y décomposent; des arcs-en-ciel s'y dessinent avec leurs magnifiques couleurs ; embrasent leurs profondeurs, les éclairent, les illuminent de lueurs ardentes et fantastiques; cette poussière, cette fumée n'ont pas l'éclat diamanté de l'eau pulvérisée; elles ressemblent au scintillement, à l'éruption d'étincelles, de flammes sorties d'un volcan. Magique et indescriptible spectacle! un incendie allumé au milieu de torrents d'eau!...

Nous continuons à monter; la chaleur est accablante, répercutée par les rochers, sur le flanc desquels la route s'élève en zig-zags; elle est creusée, resserrée entre des murailles cyclopéennes, et suspendue au-dessus d'abîmes béants à nos pieds. Mais elle fait un détour, et tout à coup la scène change; voici la vallée d'*Andermatt;* c'est comme un cirque immense de vertes prairies entourées de toutes parts de magnifiques montagnes, dont les sommets sont couverts de glaces et de neiges ; elles ont, sous le bleu du firmament, et sous un soleil ardent, la blancheur, l'éclat du cristal : leur apparition subite, inattendue, éblouit, ravit nos yeux. Oh ! comme notre frère Paul serait émerveillé ! et comme nous regrettons son absence !...

Nous sommes déjà bien haut, à une altitude considérable ; l'air devient vif, piquant, mais nous sommes encore loin du sommet du Saint-Gothard ; la montée est encore de quatre heures ; nous partons en voiture légère. La route, derrière le village d'Andermatt, grimpe en lacets ; elle laisse, à droite, le chemin de *la Furka,* que nous avions suivi autrefois ; elle s'accroche hardiment au flanc de parois rocheuses, autour desquelles elle s'enroule. Sur le flanc de ces rochers, poussent ces jolis arbustes à fleurs roses, qu'on appelle du gracieux nom de *Roses des Alpes*, espèces d'azalées, ou de rhododendrons, qui réjouissent les yeux de leurs teintes charmantes, et que l'on est tout étonné de rencontrer dans ces régions désertes, froides et déjà presque inaccessibles. Plus haut, toute végétation disparaît ; ce n'est plus que la roche nue ; plus haut encore, ce sont les neiges qui ne fondent jamais ; nos chevaux marchent sur des couches de neige, et de chaque côté de la route, il y en a plusieurs mètres d'épaisseur. Quel contraste, après les chaleurs torrides de Smyrne, d'Athènes, de Corfou, de nous trouver, le 8 juillet, au milieu des neiges et des glaces !...

Nous atteignons enfin le *col du Saint-Gothard*, au delà duquel nous voyons la route descendre vers l'Italie. Nous sommes à 7 ou 8,000 pieds au-dessus du niveau de la mer ; tout autour de nous, s'étend un horizon éternellement glacé, au-dessus duquel une multitude de cimes aiguës et neigeuses se dressent encore à des hauteurs inaccessibles. Pendant une halte nécessaire, nous contemplons, avec une indicible admiration, cette nature morte, âpre et sauvage, dont on ne peut se faire aucune idée quand on ne l'a pas vue, et dont l'écrasante majesté, les grandioses et terrifiantes beautés serrent le cœur, et confondent l'imagination. Pourquoi Paul n'est-il pas avec nous? pourquoi tous ceux que nous aimons n'y sont-ils pas? Au point culminant du col, il y avait autrefois un couvent de religieux hospitaliers; il n'en reste que la chapelle. Aujourd'hui ce n'est plus qu'une hôtellerie, en planches de sapin, où peuvent loger hommes et chevaux.

A dix heures du soir, nous étions de retour à *Andermatt*, où nous attendait un excellent hôtel; la température fraîche des montagnes à cette altitude nous paraissait délicieuse, au sortir des chaleurs de l'Italie. Le lendemain, à *Gœchenen*, nous reprenons le chemin de fer, à l'heure à laquelle nous l'avions quitté la veille, et nous continuons la descente du Saint-Gothard, par une route dont les travaux d'art et les merveilleux aspects défient toute description, et où nous retrouvons d'anciens et ineffaçables souvenirs. Nous traversons *Wassen*, *Amstæg*, *Altorf*, *Flüelen!*... Nous apercevons l'extrémité du *lac des Quatre-Cantons*, et, obliquant à droite, nous longeons le petit *lac de Zug*, pour revenir ensuite vers *Lucerne*, où nous arrivons à quatre heures. A cinq heures nous en repartons pour *Bâle*, et à neuf heures, nous étions dans cette ville, installés à notre vieil *hôtel de la Cigogne*.

Le 10 était un dimanche; nous assistons aux offices

dans l'église catholique, toute remplie d'une pieuse assistance; un beau pont sur le Rhin nous y conduit. Nous visitons la cathédrale protestante, bâtie en pierres rouges, surmontée de deux flèches; elle s'élève, au bord du Rhin, sur un petit monticule, d'où l'on a une belle vue sur le cours du fleuve, et sur les montagnes de la Forêt-Noire. Un cloître des quatorzième et quinzième siècles est attenant à la cathédrale. Nous remarquons, au musée, de beaux tableaux, entre autres un admirable Christ de *Holbein*, qui, dit-on, a été acheté 250,000 francs; nous notons aussi de très jolies scènes de village, de *Téniers*. Nous parcourons la ville et ses promenades, et à cinq heures et demie nous partons pour *Troyes*, où nous arrivons à une heure et demie du matin.

Nous descendons à l'*hôtel du Mulet*, au chevet de Saint-Nicolas; hôtel du bon vieux temps, d'ancienne construction, d'ancien régime, sans luxe, mais où l'on trouve bon accueil, bon service, bon gîte et bonne table.

Dès la première heure, nous allons à la recherche de notre frère Paul, auquel notre apparition inattendue cause la plus grande surprise. Nous passons avec lui, dans notre chère ville de *Troyes*, les deux journées du 11 et du 12 : nous visitons avec la joie du cœur les quelques parents, les quelques bons vieux amis que nous y avons encore; nous sommes heureux de nous retrouver avec notre cousine Dupuis, avec nos cousines Fléchey, avec les Recoing, les Babeau, dans nos premières affections, dans nos précieux souvenirs d'enfance et de jeunesse. Nous faisons le pieux pèlerinage de *Saint-André*, l'église où nous avons été baptisé, et où nous avons des tombes bien chères, et celui de *Savières*, où notre vénérable belle-mère veille et prie sur d'autres tombes non moins chères; nous allons à *Viélaines*, notre village, où la maison paternelle est, hélas! bien délabrée et presque méconnaissable!...

Nous revoyons nos belles églises, les seuls ornements, les seuls attraits, les seules gloires de Troyes; QUE LE CONSEIL MUNICIPAL VEUILLE BIEN LE COMPRENDRE!... notre magnifique cathédrale de *Saint-Pierre*, aux cinq nefs, l'une des plus belles de France, et ses admirables vitraux du treizième siècle; *Saint-Jean*, ses voûtes élancées, ses deux splendides tableaux de Mignard, encadrés dans le superbe rétable du maître-autel, et ses sculptures de la chapelle absidiale; *Sainte-Madeleine*, et ses vitraux, et surtout son jubé si hardi, si élégant et si gracieux du seizième siècle; *Saint-Remy*, et son clocher monumental, et son Christ de bronze, chef-d'œuvre de Girardon; *Saint-Nizier*, et ses larges nefs; *Saint-Urbain*, bijou inestimable et trésor du treizième siècle; *Saint-Nicolas*, et son calvaire; *Saint-Pantaléon* et *Saint-Martin*, et leurs superbes et historiques verrières en grisailles.

Le soir de la seconde de ces deux journées, trop vite écoulées, le 12 juillet à six heures, nous prenons le chemin de fer de Paris, où nous sommes de retour, à neuf heures, de ce grand et beau voyage, si long, quant aux distances parcourues, si varié, si intéressant, quant aux pays visités; si plein et si riche de tant d'incidents, de tant de faits différents, de tant d'émotions diverses ; si constamment heureux et si rapidement accompli !

Vous en aviez, ma chère Pauline, étudié, préparé, combiné le plan, l'ensemble et les détails, avec la précision, le soin et l'entente qui vous caractérisent ; je puis bien ajouter aussi, avec l'expérience et l'habitude que nos précédents voyages vous en avaient déjà données.

E. Guibout.

LUCIE

AVANT-PROPOS

Un jour, M. l'abbé Guesnier, chanoine de la basilique de Saint-Denis, me raconta, en quelques mots émus, un fait qui avait été à sa connaissance. Ce fait me parut si touchant que j'eus l'idée de l'écrire, et d'en faire une histoire. J'ai déroulé les différentes phases de cette histoire dans des milieux divers; je l'ai façonnée à ma guise, élargie, développée suivant mes inspirations; je l'ai appelée LUCIE, du nom du personnage principal. Je lui ai donné, pour mise en scène, des souvenirs, des impressions de mon enfance et de ma jeunesse, et des noms, dont quelques-uns m'ont été chers. Cette histoire n'est donc pas tout à fait un roman, puisqu'elle est vraie dans son action principale, vraie encore quant à la plupart des détails et des actions accessoires et secondaires, dans lesquels je me suis plu à l'encadrer.

Puisse-t-elle, présentée sous cette forme, mériter la bienveillante approbation du pieux et vénérable ecclésiastique dont la conversation, toujours si édifiante et si élevée, m'en a fourni l'idée mère, et chez lequel m'en est venue la première pensée! Puisse-t-elle, aussi, éveiller quelque intérêt chez ceux qui la liront!

Tous nos livres, ayant pour titre *les Vacances d'un Médecin*, sont consacrés à des relations de voyages; deux fois, cependant, nous y avons introduit des sujets étrangers à de lointaines pérégrinations; la première fois, nous nous reportions bien loin en arrière, à *Viélaines*, dans notre village; nous y retrouvions notre père, notre mère, notre sœur Mélanie, nos jeunes frères; au milieu d'eux, nous évoquions les souvenirs de nos premières années, et par la plus douce des illusions, nous aimions à nous voir encore dans les joies de la maison paternelle.

La seconde fois, à la Légion d'honneur de Saint-Denis, nous assistions aux *premières communions*, magnifique cérémonie, dont nous essayions de traduire les pieuses et touchantes émotions.

Cette fois, il ne sera pas non plus, ou du moins presque pas question de voyages; cependant comme nous avons écrit cette histoire, à des heures dérobées à nos occupations professionnelles, heures matinales de délassement et de véritable récréation, nous pouvons bien la laisser aussi, sous le couvert du même vieux titre général : *les Vacances d'un médecin.*

E. GUIBOUT.

LUCIE

I

LA MANSARDE

Le 24 décembre de l'année 1840, vers 4 heures de l'après-midi, un homme de soixante à soixante-dix ans, de l'extérieur le plus distingué, sortait de l'église de Saint-Jacques du Haut-Pas, à l'issue des premières vêpres de la fête de Noël. Le jour baissait; la bise soufflait glaciale et morfondante, aussi était-il soigneusement enveloppé dans les larges plis d'un manteau bordé de fourrures. Continuant à remonter la rue Saint-Jacques, il passa devant l'hospice des sourds-muets; plus loin, il laissa à sa gauche le Val-de-Grâce, le champ des Capucins, l'hospice du Midi, et, au n° 310, il entra dans une maison de mesquine apparence. La porte en était ouverte; une bonne vieille concierge tricotait dans une petite loge obscure, enfumée, à peine éclairée par une lampe qui exhalait une insupportable et nauséabonde odeur de pétrole.

Cet homme, ce monsieur, avec lequel nous ferons plus ample connaissance, au chapitre suivant, était un membre de la conférence de Saint-Vincent de Paul, de la paroisse Saint-Jacques du Haut-Pas; en cette qualité, il était chargé de visiter un vieillard infirme, habitant cette maison, et de lui apporter quelques édifiantes et affectueuses paroles, quelques secours, quelques douceurs, pour consoler sa solitude, et le mettre à même de voir flamber la *bûche de Noël*, dans son pauvre foyer.

— Est-ce bien ici, demanda-t-il à la concierge, que demeure le nommé Bourasseau? — Oui, Monsieur, répondit la vieille, c'est bien ici, mais il y a haut à monter; c'est au cinquième, tout au bout du corridor de droite, la dernière porte à gauche; prenez bien garde, l'escalier est étroit, et pas éclairé.

Tout entier à sa charitable mission, le monsieur monta, et après avoir maintes fois trébuché, il finit par atteindre le cinquième étage.

Là, il lui fallut s'engager dans un corridor sans lumière; quand il se crut tout au bout, et à la dernière porte à gauche, il frappa..... Une jeune fille de l'extérieur le plus honnête, une petite lampe à la main, lui ouvrit..... — Est-ce ici, lui dit le monsieur, la chambre du nommé Bourasseau? — Non, Monsieur. — Pourriez-vous, Mademoiselle, me l'indiquer? — Monsieur, je ne la connais pas, et même, le nom de Bourasseau m'est tout à fait inconnu. — Il y avait, dans l'air de cette jeune personne, un je ne sais quoi de triste, de réservé, de *comme il faut*, d'indéfinissable; c'était une apparition, inattendue en pareil lieu, un rêve, un saisissant contraste avec le délabrement de cet asile de la misère.....

Le monsieur resta quelques instants en silence à la contempler, retenu, comme malgré lui, par un irrésistible sentiment d'étonnement, de sympathie, de commisération. Elle de son côté, muette, immobile devant lui, le regardait, d'un de ces regards voilés, doux et timides, où se peignent des souffrances de l'âme, trop profondes et trop vives pour y rester concentrées, et n'en pas déborder. — Mademoiselle, lui dit le monsieur, vous ne pouvez donc me donner aucun renseignement sur ce pauvre Bourasseau; c'est, paraît-il, un vieillard infirme et dans la détresse; mais vous-même, Mademoiselle, si j'osais vous parler de vous, vous semblez bien malheureuse; si je ne craignais d'être indiscret, je vous demanderais de me recevoir un instant, peut-être pourrais-je vous venir en aide? — De grosses larmes coulèrent des yeux de la jeune fille : — Oh! Monsieur, dit-elle, vous paraissez bien bon, ma mère est très malade; c'est peut-être la Providence qui vous envoie; oui, entrez, vous lui ferez du bien; nous sommes si abandonnées!.....

Le monsieur, précédé de la jeune fille, pénétra dans un petit couloir, aboutissant à une chambre mansardée; cette chambre fut pour lui un nouveau sujet d'étonnement; tout y était pauvre, mais dans un ordre parfait; c'était la pauvreté drapée dans une sorte de dignité et de respect d'elle-même. Une statuette de la Vierge et deux chandeliers, d'un cristal bien blanc, ornaient une cheminée sans feu, au-dessus de laquelle était suspendu un Christ d'ivoire, sur une croix d'ébène ; deux rideaux de laine bleue, relevés avec goût, encadraient les deux carreaux de la petite fenêtre. La malade était couchée dans un modeste lit de fer, d'un aspect, d'une propreté irréprochables. C'était une femme de soixante-dix ans environ; ses traits amaigris, ses joues caves, la pâleur de son teint annonçaient un état grave; mais si détérioré que fût son visage, un sourire gracieux venait encore l'effleurer, et s'y épanouir au milieu des rides de l'âge, et des sombres reflets de douleurs physiques et morales.

A cette visite inattendue, elle fit un effort pour se soulever, et saluer par quelques paroles de bienvenue ; et dans ce salut, dans ces paroles, dans cette attitude, le monsieur démêla le même cachet de distinction qu'il avait tout d'abord remarqué dans la jeune fille.

— Madame, lui dit-il, je ne veux pas vous fatiguer longtemps; c'est par erreur que j'ai frappé à votre porte; Mademoiselle votre fille m'a accueilli avec tant d'amabilité que j'ai cru pouvoir me permettre de lui exprimer le désir d'arriver jusqu'à vous. Vous me paraissez souffrante; laissez-moi vous le demander, vous manque-t-il quelque chose? avez-vous un bon médecin? — Monsieur, je n'ai pas de médecin, je connais ma maladie, elle est sans remède; c'est le résultat de grandes privations, et surtout de grands chagrins. Je suis seule au monde avec ma fille, et quand je n'y serai plus, que deviendra la pauvre enfant? voilà ce qui me tue. — Ayez confiance, Madame, ne vous désespérez pas; vous guérirez, je l'espère, et puisque vous n'avez pas de médecin, demain vous recevrez la visite du mien; je vous demande la permission de vous l'adresser, et de revenir moi-même m'informer de vos nouvelles. — En se retirant, le monsieur glissa discrètement, et sans être vu, cinq louis, qu'il laissa sur la cheminée, au pied de la petite Vierge. Il sortit très ému, et cependant, sans oublier le pauvre vieux Bourasseau, qu'il parvint à découvrir, et qui, dès le soir même, put se chauffer à sa *bûche de Noël.*

Rentré chez lui, le monsieur écrivit au docteur Dagremont la lettre suivante :

« Paris, 24 décembre 1840.

« Mon cher Docteur,

« Une erreur de porte, le hasard, mais non, la Providence m'a fait découvrir tout à l'heure deux grandes et bien touchantes misères, deux femmes bien malheureuses, et dont l'une est gravement malade (madame Dutreck et sa fille). J'ose vous prier de leur faire une visite dès demain, bien que ce soit le jour de Noël (rue Saint-Jacques, n° 310). Agissez pour elles comme pour moi, et veuillez considérer les soins que vous voudrez bien leur donner, comme m'étant donnés à moi-même. Ne prononcez pas mon nom ; laissez-leur ignorer qui je suis. Mais, hélas !

mon bon Docteur, quelle peine, quelle fatigue pour vous ! cinq étages à monter ! et quel escalier ! Surtout n'attendez pas le soir; le grand jour est indispensable. Prescrivez tout ce que vous croirez utile, j'ai pourvu à tout. Vos visites seront un baume salutaire, une consolation, un rayon d'espérance pour ces pauvres délaissées; je voudrais qu'elles pussent vous voir tous les jours; je les recommande, non pas seulement à votre science, mais encore à tout votre cœur. Suis-je indiscret en vous demandant encore de m'écrire vos impressions, longuement, et sous *tous les rapports*? Vous savez quel prix j'attache à vos lumières, et quelle confiance j'ai en vous !

« Agréez..., etc.

« Marquis de MENNEVILLE. »

Le surlendemain, le marquis de Menneville recevait la lettre qu'on va lire :

« Monsieur le Marquis.

« Suivant le désir que vous avez bien voulu m'exprimer, je me suis rendu, hier, chez madame Dutreck. J'ai le regret de vous dire que cette pauvre dame, si digne de l'intérêt qu'elle vous a inspiré, ne m'a pas laissé le moindre espoir de guérison ; non pas qu'elle soit atteinte d'une maladie organique quelconque, mais il y a, chez elle, une véritable décomposition du sang, une anémie tellement profonde, de tels désordres, surtout dans les fonctions digestives ; sa faiblesse est si grande, que j'ai pour elle les craintes les plus sérieuses et même les plus prochaines. C'est une nature dont la vitalité s'est épuisée, moins par l'âge que par le malheur, les chagrins et les privations.

« Elle appartient à une famille honorable et distinguée; son mari était magistrat au tribunal d'Angers; elle l'a perdu, il y a trois ans. Peu de temps après, elle perdit toute sa fortune; ce fut une ruine complète; il ne lui resta qu'une rente viagère de six cents francs. Alors elle quitta Angers, pour venir cacher sa misère à Paris; elle espérait que sa fille pourrait y trouver une position en rapport avec son éducation; cette espérance ne s'est pas réalisée. Il fallut que le travail à l'aiguille de la jeune fille fournît l'appoint nécessaire à la vie de chaque jour, et vous savez combien ce travail, si assidu qu'il soit, est peu rémunérateur!...

« Pour comble de malheur, le découragement, des infirmités de toutes sortes, la maladie, le pressentiment de sa fin prochaine, et les plus poignantes sollicitudes pour l'avenir de la chère enfant, que sa mort doit laisser sans ressource aucune, ont achevé de briser les forces de la pauvre vieille dame, et de la réduire à l'état, dont j'ai pu constater l'extrême gravité.

« La jeune fille, Mlle Lucie, est un ange; c'est un modèle de courage, de dévouement, de piété filiale: debout jour et nuit, son temps se partage entre le travail à l'aiguille et les soins qu'elle prodigue à sa mère, avec une intelligence, une patience et un charme que je ne saurais vous exprimer. Mais sa santé commence à s'altérer ; le défaut d'air, une assiduité constante et sans repos à toutes les exigences de sa situation, une mauvaise nourriture, un sommeil insuffisant, et, par dessus tout, le chagrin qui la dévore, et qu'elle s'efforce de dissimuler à sa mère, ont affaibli et miné sourdement son organisation, trop frêle encore, pour supporter impunément tant de fatigues, tant de privations, et des tortures morales et physiques de tous les instants.

« Vos charitables largesses, Monsieur le marquis, ne pouvaient donc être mieux placées ; ces deux femmes en ont le plus grand besoin, elles sont tout à fait isolées, ignorées de tout le monde ; leur triste existence se passe loin de tous les regards ; elles ont pour seule connaissance un vieux prêtre, leur confesseur, bien pauvre lui-même, qui, tous les dimanches, leur apporte sa part de pain bénit, dont il se prive en leur faveur. Ce sont deux nobles cœurs ; je ne saurais vous dire avec quelles touchantes marques de reconnaissance elles m'ont reçu ! avec quelle effusion elles m'ont remercié ! quelles instances elles m'ont faites pour savoir le nom de leur généreux bienfaiteur, que je leur ai tenu caché, suivant votre recommandation ! Oh ! comme elles vous ont béni ! leurs larmes coulaient ; je me sentais ému, et peu s'en est fallu que les miennes ne coulassent en même temps !.....

« Veuillez agréer... etc.

« Dr DAGREMONT. »

« Paris, 26 décembre 1840. »

Deux faits principaux se dégageaient de cette lettre : la fin prochaine, inévitable de Mme Dutreck, et le danger que courait la santé de sa fille. Ce danger, il était urgent de le conjurer, car si Lucie, à bout de forces, tombait malade, ce serait le comble du malheur. Pourrait-on rien concevoir de plus navrant que le sort de ces deux abandonnées? la mère mourante à côté de sa fille! et la fille, manquant elle-même de tout secours, et réduite par la maladie à l'impuissance d'assister sa mère ! cette situation eût été affreuse!...

La Providence, heureusement, était là! Depuis deux mois environ, la marquise de Menneville était retenue au lit par un accident assez sérieux; deux religieuses veillaient à ses côtés; or, l'une de ces deux religieuses pouvait être le salut de la pauvre mansarde!.....

— Ma sœur, lui dit la marquise, je vais mieux; je puis, maintenant, me priver de vos bons soins; votre dévouement est nécessaire ailleurs; deux femmes dans la plus profonde misère : l'une, très malade, la mère et la fille, en ont le plus pressant besoin; allez donc à leur secours; le marquis est en ce moment chez votre Supérieure, pour lui demander la permission de vous placer auprès de ces deux malheureuses femmes; vous serez leur bon ange, leur consolation ; vous avez de si douces paroles!..... Vous aiderez l'une à bien mourir, et vous soutiendrez le courage de l'autre, pauvre jeune fille, sans ressources, seule au monde, et qui va tout perdre, en perdant sa mère!...

Quelques instants après, en effet, le marquis de

Menneville remettait à sœur Thérèse l'autorisation de se rendre avec lui chez madame Dutreck.

Sœur Thérèse était une angélique créature ; c'était la vivante et parfaite image de tout ce que Dieu a mis de plus excellent dans la nature humaine : en la voyant, en l'écoutant, on se sentait meilleur ; c'était une vierge de Murillo, quelque chose du ciel ; la vertu, la pureté de son âme se reflétaient, avec un charme idéal, sur son beau visage, et dans l'ineffable limpidité de son regard ; elle joignait à toutes les grâces d'un âge qui était encore la jeunesse toutes les suavités d'une douceur qui ne se démentait jamais, et toutes les exquises délicatesses d'une charité aussi ingénieuse qu'inépuisable.

Telle était l'admirable femme que, d'un commun accord, le marquis et la marquise avaient choisie pour partager les tristesses et soulager les douleurs de la pauvre mansarde. Le marquis l'y devança de quelques instants. — Mademoiselle, dit-il à Lucie, il faut, par ordonnance du médecin, prendre un repos absolument nécessaire, sous peine de ne plus pouvoir donner à votre mère les soins indispensables ; et alors que deviendriez-vous l'une et l'autre ?... Pour prévenir une pareille extrémité, une religieuse garde-malade va vous arriver ; elle sera pour vous une sœur, dont la tendre affection soutiendra votre courage ; elle sera pour votre mère une seconde fille, dont le dévouement et l'expérience lui seront bien précieux dans ses souffrances. Je sais qu'une chambre voisine de la vôtre est vacante ; j'ai fait en sorte qu'elle fût mise à votre disposition, et vous pourrez, alternativement avec la sœur, y trouver un peu de repos.

La porte s'ouvrit ;..... sœur Thérèse parut; la sympathique et attrayante affabilité de son abord, la sereine et douce expression de sa figure, furent comme une éclaircie, comme un rayon de soleil, dans cette sombre atmosphère. Elle embrassa Lucie ; on eût dit l'ange de la consolation, à côté de l'ange de la douleur ; et, s'approchant de la malade : — « Madame, lui dit-elle, en lui prenant affectueusement les mains, le bon Dieu m'envoie vers vous ; je serai votre seconde fille pour vous assister dans cette épreuve. » — « La Providence a eu pitié de nous, répondit madame Dutreck ; comment vous exprimer notre reconnaissance à vous, Monsieur, que nous ne connaissons que par vos bienfaits, et par vos largesses auxquelles nous n'étions pas accoutumées ? Deux fois déjà votre excellent médecin est monté jusqu'à notre misérable demeure, avec toute la bonté de l'âme la plus compatissante ; et voilà qu'aujourd'hui vous nous donnez cette bonne et chère sœur pour compagne dans notre solitude ! Oh ! que pourrions-nous faire pour vous remercier?..... » — Et la pauvre malade tendait, vers le marquis et vers sœur Thérèse, ses bras défaillants. Quant à Lucie : « — Oh ! Monsieur, oh ! ma sœur, disait-elle, vous nous rendez la vie : je n'avais plus d'espoir, je n'avais plus de force, je me sentais mourir ; je me disais : Que deviendra ma mère quand je n'y serai plus? et maintenant il me semble que je renais ! Oh ! que Dieu est bon ! Vous guérirez ma mère, n'est-ce

pas, ma sœur, ma bonne sœur?..... Et vous, Monsieur, vous êtes notre sauveur, notre providence! Sans vous, nous étions perdues!..... » —Et la pauvre enfant pleurait toutes les larmes de ses yeux; elle embrassait sa mère, et serrait, avec tous les élans de son cœur, les mains du marquis et de sœur Thérèse.

Ainsi le bonheur semblait avoir trouvé le chemin de la mansarde. De nouvelles munificences du marquis y avaient introduit une sorte d'abondance et de confort qu'elle n'avait jamais connus. Le docteur Dagremont y faisait de fréquentes visites; la bonté de son cœur, les ressources de son esprit lui inspiraient toujours de bonnes et insinuantes paroles, de pieux artifices de langage, d'ingénieuses explications, souvent, il est vrai, peu conformes à la vérité, mais qui, du moins, avaient l'avantage de ranimer le courage de la mère et de la fille, et de leur rendre, à l'une et à l'autre, un peu d'espoir, en leur dissimulant la triste réalité. Sœur Thérèse et Lucie avaient, l'une pour l'autre, une sympathie que chaque jour rendait plus étroite et plus vive. Lucie trouvait dans sœur Thérèse, en même temps que l'énergie dont elle avait besoin pour soutenir ses forces, une douceur, une sérénité d'âme d'un attrait irrésistible; et comment sœur Thérèse n'aurait-elle pas aimé cette gracieuse jeune fille, ce parfait modèle de piété filiale, s'oubliant, se sacrifiant toujours elle-même, et qui, dans les dures étreintes du malheur, avait conservé tout le charme de sa nature aimante, expansive et dévouée?

Sans doute, des privations, des inquiétudes de toutes sortes, des nuits sans sommeil, un travail trop assidu, une vie trop sédentaire, et surtout le chagrin de la maladie de sa mère, avaient porté, ainsi que le docteur Dagremont l'avait constaté, une atteinte sérieuse à la santé de Lucie; ses yeux s'étaient cerclés de noir; son teint avait perdu sa fraîcheur; l'anémie, la fatigue, l'abattement se lisaient sur sa figure amaigrie, et sur tous ses traits, dont l'admirable finesse était altérée par l'empreinte du malaise et de la souffrance. Avec cette teinte de mélancolie et de tristesse, sa beauté n'en était que plus touchante, et le malheur qui se reflétait sur cette belle et candide physionomie de jeune fille lui donnait un attrait de plus, éveillait, pour elle, un degré de sympathie plus vive et plus tendre. Mais la situation toute nouvelle qui lui était faite, la douce société de sœur Thérèse, les soins, les consolations qu'elle en recevait, l'idée de se sentir une amie, d'avoir un soutien, de n'être plus seule, abandonnée dans sa solitude, les visites du docteur Dagremont et du marquis, tout cela n'aurait pas tardé à exercer sur elle la plus heureuse influence, si l'état, de plus en plus grave, de sa mère n'eût été pour elle un sujet, perpétuel et de tous les instants, des plus poignantes angoisses.

Madame Dutreck, en effet, s'affaiblissait visiblement, et de jour en jour davantage; elle était tombée dans une prostration profonde, qui la laissait sans force, sans vitalité, sans espoir d'une réaction salutaire possible. Aussi les prescriptions du docteur, les toniques, les vins généreux restaient impuissants et sans résultat ; elle s'efforçait encore de sourire à sa fille et à sœur Thérèse, et, à défaut de paroles, d'exprimer sa reconnaissance et son amour maternel, par d'affectueux serrements de mains. Un soir, prenant, à la fois, la main de sœur Thérèse et du marquis, et les attirant l'un et l'autre vers elle, elle leur dit, avec un suprême effort, et d'une voix si faible, qu'elle pouvait à peine être entendue : « — Je vous confie ma fille, ma pauvre chère Lucie ! Oh ! dites-moi, je vous en supplie, que vous ue l'abandonnerez pas, et je mourrai tranquille ! — Madame, lui répondit le marquis, comptez sur la promesse que je vais vous faire : mademoiselle Lucie sera l'objet de ma sollicitude, et de la tendresse de la marquise de Menneville, ma femme ! »

A ce moment la porte s'ouvrit, et l'abbé Vidaling, vicaire de Saint-Jacques du Haut-Pas, entra, précédé du suisse de la paroisse : il apportait à la pauvre mourante les derniers sacrements, qu'elle avait demandés. Sœur Thérèse fit tous les apprêts nécessaires ; elle plaça sur la petite table, transformée en autel, la petite Vierge, les chandeliers de cristal et une petite croix, dont madame Dutreck ne se séparait jamais, et qu'elle avait toujours sous son oreiller, ou dans sa main.

Le prêtre, s'approchant du lit de la malade, lui adressa quelques paroles de pieux encouragement : il lui montra le ciel, récompense de sa patience, de sa résignation dans les souffrances, de sa soumission à la volonté de Dieu. Après ces quelques mots, il lui administra l'Extrême-Onction, le sacrement des mourants ; l'huile sainte fut mise au contact de ses yeux, de ses narines, de sa bouche, de ses mains et de ses pieds, que sœur Thérèse avait découverts. Il posa ensuite sur l'autel un petit ciboire d'argent, qui était attaché sur sa poitrine, et, après s'être incliné profondément, il l'ouvrit, y prit la divine hostie, qu'il présenta à la malade, en disant: *Que le corps de Notre Seigneur Jésus-Christ garde votre âme pour la vie éternelle !* — Après avoir reçu la communion, la mourante resta quelques instants les yeux fermés, les mains jointes, dans une muette adoration ; puis un rayon céleste sembla illuminer sa figure, elle étendit la main pour bénir sa fille : ce fut son dernier effort, son dernier mouvement. Sœur Thérèse lui donna à baiser sa petite croix, afin qu'en quittant la terre, son dernier baiser fût pour son Dieu.

Dans ce moment suprême, le prêtre prononça les paroles solennelles de la sainte liturgie : *Partez, âme chrétienne, nourrie du sang de Jésus-Christ, qui est venu se donner à vous, comme un gage, comme un avant-goût de la vie éternelle ; partez, et allez au ciel, vous reposer de toutes vos souffrances !* —Les larmes coulaient de tous les yeux : sœur Thérèse, le marquis, Lucie étaient à genoux ; la pauvre enfant tenait la main de sa mère, qu'elle pressait sur sa figure ; la tête appuyée sur le lit, elle avait le cœur brisé ; les sanglots étouffaient sa respiration. Le prêtre, seul debout, au milieu de cette scène déchirante, voyant que la vie s'était éteinte, se mit à genoux, et commença le psaume des morts, dont sœur Thérèse et le marquis récitèrent, alternativement avec lui, chaque verset. Quand ce fut fini : « — Allons, Mademoiselle, dit-il à Lucie, allons, ma chère enfant, courage, votre mère n'est pas perdue : elle est auprès de Dieu ; vous la reverrez un jour, oui, vous la retrouverez pour ne plus la quitter jamais ! » — Puis s'adressant à sœur Thérèse : — « Ma sœur, lui dit-il, vous avez choisi la meilleure part ; voyez ce que c'est que la vie ! Et vous, Monsieur le marquis, puisse votre noble existence se prolonger bien longtemps encore ! Continuez à soulager toutes les infortunes, à pleurer avec ceux qui pleurent, et quand votre heure sera venue, vous aurez mérité la récompense promise à ceux qui auront fait le bien ; et vous retrouverez, là-haut, la sainte femme dont vous avez soutenu et consolé les derniers jours ! »

Le surlendemain, vers 10 heures du matin, un convoi funèbre se dirigeait vers Saint-Jacques du Haut-Pas : trois personnes seulement suivaient le modeste corbillard, c'étaient Lucie toute vêtue de noir, et appuyée sur le bras de sœur Thérèse, et le marquis. L'office de l'église terminé, le même cortège, précédé d'une voiture de deuil, dans laquelle était l'abbé Vidaling, prit le chemin du cimetière Montparnasse ; quand les dernières prières furent dites, et l'eau bénite jetée sur la fosse, Lucie, accablée par la douleur et sans forces, tomba à genoux ; sœur Thérèse la releva et l'emmena, pendant que, d'une voix entrecoupée par les sanglots, elle répétait : « Oh ! ma mère, ma pauvre mère !..... »

Au sortir du cimetière, et sur un signe du marquis, un landau richement armorié s'approcha; un valet de pied en livrée sauta à terre, ouvrit la portière; sœur Thérèse, Lucie et le marquis montèrent, et le landau partit au grand trot de ses deux chevaux, pour l'hôtel de Menneville.

II

L'HOTEL DE MENNEVILLE — LA ROCATELLE

Le quartier oriental du Luxembourg était, à cette époque, bien différent de ce qu'il est aujourd'hui; la rue de Médicis et le boulevard Saint-Michel n'existaient pas; la rue de Vaugirard montait en pente raide, derrière l'Odéon, jusqu'à la petite place Saint-Michel, sur laquelle stationnaient des fiacres, et qui occupait l'emplacement actuel du jet d'eau, à la hauteur du Panthéon. Les maisons des numéros impairs empiétaient sur le jardin du Luxembourg, qu'elles enfermaient, et dont elles masquaient complètement la vue.

De la place Saint-Michel au carrefour de l'Observatoire, s'étendait la rue d'Enfer, rue étroite, et qui devait son nom à sa bruyante et active circulation. Les chemins de fer n'existant pas, elle était le passage de départ et d'arrivée des voitures d'approvisionnement, des charrettes, pataches, *coucous* des environs, des malles-poste, diligences grosses et petites, et des messageries et voitures de roulage de l'Orléanais, du

Vendômois, de la Touraine, du Poitou, du Bordelais.

En allant de la place Saint-Michel à l'Observatoire, le côté droit de cette rue tapageuse présentait d'abord une ligne de maisons, propriétés particulières, ou dépendances de la chambre des Pairs. Plus loin, à l'endroit où la petite rue *Saint-Dominique*, actuellement rue Royer-Collard, débouchait dans la rue d'Enfer, on apercevait le jardin du Luxembourg, à travers les barreaux très élevés et tout noirs d'une grille de fer, dont la grande porte était flanquée de deux gros piliers de pierre. Au delà de cette grille, l'École des mines et deux ou trois maisons dérobaient la vue du jardin. La rue de l'Est, qui semblait être une bifurcation de la rue d'Enfer, la laissait à gauche, derrière elle ; tout son côté droit jusqu'au carrefour de l'Observatoire était bordé par le mur du jardin botanique de la Faculté de médecine. La porte de ce jardin s'ouvrait dans l'axe de la rue de l'*Abbé de l'Épée*, à la naissance de la rue de l'Est, et sa surface s'étendait dans tout l'espace compris entre la rue de l'Est et la belle avenue de l'Observatoire du Luxembourg.

L'hôtel de Menneville était au n° 25 de la rue d'Enfer; son imposante façade se profilait en bordure sur la rue ; c'était une vaste et opulente demeure patrimoniale, datant du dix-septième siècle. Sa large porte, d'une force de résistance à soutenir un siège, était bardée de lames et montures épaisses en fer forgé, et ornée de deux marteaux artistement ciselés, dont l'un représentait Hercule, et l'autre Milon de Crotone. A droite, sous la voûte d'entrée, une porte vitrée donnait accès au grand escalier; tout le premier étage était occupé par les appartements d'apparat et de réception : vestibule de marbre, grands et petits salons; on y voyait de vieilles et riches tapisseries, des panneaux de bois sculptés et dorés, sur lesquels se détachaient de magnifiques peintures, des tableaux de maîtres, des portraits de famille, des vues du *château de Rosières*, l'une des résidences d'été. Des faïences de Bernard de Palissy, des lampadaires de bronze rehaussaient les murs de la salle à manger, dont le plafond, peint à fresque, représentait une chasse au sanglier, dans les bois de *la Rocatelle*, autre domaine patrimonial des de Menneville. Au deuxième et troisième étage, étaient les appartements intimes, la bibliothèque et le cabinet de travail du marquis; au quatrième, une salle de billard s'ouvrait sur une terrasse, de laquelle un merveilleux panorama charmait la vue. Cette terrasse était comme un salon d'été; souvent on y passait les matinées et les soirées, un beau ciel sur la tête, et sous les yeux, une splendide perspective. On avait à ses pieds le jardin et le palais du Luxembourg, au delà desquels se dressaient la coupole et la tourelle de l'église des Carmes, et les deux tours de Saint-Sulpice, ayant chacune à leur sommet un télégraphe, dont les contorsions aériennes et les grands bras se tordant, s'allongeant, se repliant dans l'espace, en mouvements saccadés, rapides et bizarres, produisaient le plus singulier, le plus fantastique effet. Plus loin, à des distances différentes, on apercevait la flèche aiguë de Saint-Germain des Prés, les trois pavillons des Tuileries, l'arc de triomphe de l'Étoile, le dôme des Invalides, et, tout à fait à l'horizon, se dessinaient, dans une ligne courbe immense, la butte Montmartre avec ses moulins à vent, les collines de Bougival et de Marly, avec le fameux aqueduc de Louis XIV, sur leurs plantureux versants; le mont Valérien, les hauteurs de Suresnes, de Saint-Cloud, de Sèvres, de Meudon, dominées par leurs châteaux royaux et historiques, ruinés, hélas! aujourd'hui.

Nous connaissons la demeure, voyons maintenant quels sont les habitants :

Le marquis de Menneville était un de ces hommes de race, un de ces caractères énergiques, fortement trempés, tels que notre époque énervée n'en produit plus guère; son père, général de division dans la grande armée, avait été tué en 1812, en Russie, à la Moskowa. Quant à lui, en 1811, capitaine dans l'armée du maréchal Suchet, en Espagne, il avait été blessé à la bataille de Sagonte; trois ans plus tard, en 1814, promu au grade de colonel, blessé de nouveau très grièvement, et mis hors de combat, à la bataille de Montereau, il avait été forcé de quitter le service. Il s'était alors retiré dans son château de *Rosières*, entre Tours et Angers. Sa fortune déjà considérable s'était accrue par son mariage avec la vicomtesse de Chamois, qui lui avait apporté en dot le domaine de *la Rocatelle*, dans la Haute-Vienne.

Le marquis et la marquise de Menneville n'avaient pas eu d'enfants; leur vie se passait tantôt à Paris, et tantôt dans leurs terres. Généralement ils arrivaient à Paris pour les fêtes de la Toussaint, et ils en partaient après les fêtes de Pâques. Le marquis, doué d'une très grande activité, trouvait toujours que le temps lui manquait pour toutes les occupations qu'il s'était créées : l'étude, la lecture, les cours de la Sorbonne, du Collège de France, du Muséum lui prenaient une partie de ses journées ; une autre partie était consacrée à ses relations sociales et affectueuses, à des œuvres pies, aux visites des pauvres, que lui imposait son titre de membre de la conférence de Saint-Vincent-de-Paul. Les soirées, il les passait dans son intérieur, tantôt seul avec la marquise, et tantôt au milieu de quelques amis, qui, deux ou trois fois chaque semaine, étaient reçus à l'hôtel. C'étaient quelques prêtres de la paroisse, quelques officiers, vieux camarades de guerre, quelques hommes d'État et de science, des amis de la ville et de la campagne, du bon vieux temps d'autrefois, et même d'enfance, ou de date plus récente, dont l'aimable entrain animait les salons de la plus charmante gaité, et des saillies de l'esprit du meilleur aloi. Les conversations, toujours vives et intéressantes, abordaient les sujets les plus variés : religion, politique, voyages, littérature, beaux-arts, actualités de toutes sortes. Des facéties de bon goût, de joyeuses boutades émaillaient de sérieux colloques, et attisaient un feu roulant de spirituelles réparties.

Quant aux plaisirs du monde, les soirées mondaines où l'on ne cause que de futilités, que de fadaises, où, sous prétexte d'*un thé*, les toilettes les plus follement, les plus ridiculement fastueuses, sont de rigueur; les bals prolongés pendant des nuits entières, et qui ne sont, pour les femmes, qu'une occasion de montrer, d'étaler à tous les yeux, les mêmes attraits, que la pudeur et les convenances les obligent à tenir cachés pendant le jour, le marquis et la marquise en avaient une sainte horreur, ils les regardaient comme des plaisirs frivoles, ne laissant que du vide dans l'esprit, et surtout dangereux, contraires à la morale autant qu'à la santé ; aussi, d'un commun accord, ils étaient convenus de ne jamais se rendre à ces sortes d'invitations. Mais, une ou deux fois par mois, ils allaient aux Français, aux Italiens, à l'Opéra, savourer les jouissances plus pures et plus élevées, que l'on trouve au contact, aux sublimes inspirations des grands maîtres.

La marquise de Menneville était le type de la grande dame; elle avait le haut ton, la distinction, mais en même temps le charme, l'affabilité et l'élégante simplicité que donnent la naissance et l'éducation. Son abord était facile et agréable, quoique toujours d'une dignité, que tempérait sa physionomie avenante, ouverte et sympathique. C'était, dans toute l'acception du mot, une belle et noble femme; elle avait de quarante-six à quarante-huit ans: sa taille élevée, ses contours gracieusement développés, ajoutaient à l'attrait de toute sa personne; les longues torsades de son opulente chevelure, d'un blond doré, couronnaient magnifiquement sa tête; tout en elle était beau, séduisant, mais naturel et sans prétention. Elle avait les mêmes sentiments, les mêmes principes, les mêmes relations que le marquis; il existait entre elle et lui une parfaite conformité de goûts, de caractère, aussi avaient-ils compris et menaient-ils la vie de la même manière. N'ayant pas d'enfants, ils étaient tout, l'un pour l'autre, et jamais aucun nuage ne venait assombrir leur horizon, ni troubler la douce harmonie de leur intimité.

Avec de tels maîtres, l'hôtel de Menneville était un modèle de tenue et de régularité, aussi était-il en vénération dans tout le quartier. Les anciennes coutumes de nos pères, autrefois fidèlement observées, et maintenant de plus en plus abandonnées, à notre époque de décadence, s'y étaient religieusement conservées. Matin et soir, la prière s'y faisait en commun, maîtres et serviteurs adorant le même Dieu, égaux devant lui, le priaient ensemble. A un signal donné, on se réunissait dans un petit salon. Le marquis et la marquise, à genoux au pied de la *Descente de croix* de Rubens, et tournés vers l'Orient, avaient derrière eux tous leurs domestiques, dans la même attitude. Le marquis, d'une voix dont la tonalité grave et fortement accentuée exprimait le profond respect, en présence de la majesté divine, récitait seul la première partie des oraisons, que tous les assistants continuaient ensemble. Puis le marquis faisait une lecture; c'était le *Nouveau Testament*, l'épître et l'évangile du jour, ou la vie d'un saint, ou bien encore une méditation, une instruction sur telle ou telle fête de l'année; on se tenait debout pendant la lecture de l'évangile et du *Nouveau Testament*.

Après ce pieux exercice, que terminait toujours le signe de la croix, le marquis et la marquise adressaient quelques mots d'explications, d'édification, d'encouragement; parfois même, s'il y avait lieu, quelques paroles de blâme, de reproches; le ton en était plus ou moins sévère, suivant les cas; mais c'était toujours avec une douceur, et une modération qui n'excluaient pas la fermeté. Sincèrement et pratiquement chrétiens, ils auraient cru manquer à la charité chrétienne, en humiliant leurs subordonnés, en leur parlant avec dédain, en leur faisant sentir, en termes blessants et hautains, l'infériorité de leur position. Tenant essentiellement à être respectés, ils auraient pensé se compromettre eux-mêmes, et porter atteinte à leur propre dignité, en ne respectant pas leurs domestiques, en se laissant aller, devant eux, à des accès de colère, à des propos malsonnants et injurieux qui auraient pu occasionner, provoquer, et même justifier, de leur part, d'inconvenantes réparties. Voulant s'attacher leurs domestiques, ils commençaient par leur montrer un véritable attachement. Loin de les traiter comme de vils mercenaires, ils les admonestaient toujours avec bonté, les regardant comme les membres d'une famille que la Providence leur avait confiée, envers laquelle ils avaient charge d'âmes, et dont ils auraient à rendre compte à Dieu. Aussi voyait-on toujours les mêmes visages à l'hôtel, toujours les mêmes serviteurs, fidèles et dévoués à leurs maîtres, comme ils sentaient que leurs maîtres leur étaient dévoués à eux-mêmes. Le dimanche, maîtres et domestiques assistaient aux offices, aux prédications de la paroisse, et, ce jour-là, aucun service extraordinaire n'était commandé, afin de laisser à chacun le temps de remplir ses devoirs religieux, de se récréer, de prendre un repos nécessaire, après le travail de la semaine.

C'est ainsi que le marquis et la marquise avaient résolu, pour ce qui les regardait personnellement, la fameuse question sociale, insoluble en dehors des maximes de l'évangile, et aujourd'hui si difficile, et si grosse de périls et de menaces. Si tous ceux qui possèdent suivaient leurs exemples, et si, d'autre part, tous les travailleurs étaient pénétrés, comme l'étaient les gens attachés à leur service, des principes de religion, de morale, de soumission et de respect pour l'autorité, cette redoutable question serait bien près d'être définitivement et universellement résolue.

Tel était le milieu, si nouveau pour elle, où Lucie s'était vue subitement transplantée, au sortir de la cérémonie funèbre. En descendant de voiture elle monta, avec sœur Thérèse, à l'appartement qui lui avait été préparé au troisième étage de l'hôtel; cet appartement se composait de deux chambres à coucher, l'une pour elle, l'autre pour sœur Thérèse, et d'un petit salon intermédiaire. Le marquis avait eu la délicate attention d'y faire apporter le Christ d'ivoire sur croix d'ébène, la petite Vierge, les petits chandeliers de cristal, tout ce qui avait été à son usage et à celui de sa mère. La pauvre enfant était épuisée de forces, brisée de fatigue; elle avait passé les deux dernières nuits, assise ou à genoux, auprès du lit de sa mère. A la vue des objets qui ornaient la pauvre mansarde, et qu'elle retrouvait dans un appartement si différent, ses sanglots redoublèrent : « — Oh ! ma mère ! ma pauvre mère ! disait-elle, oh ! que je suis malheureuse ! Où suis-je donc ici ? Quelle est cette maison ? Ma bonne sœur, où m'avez-vous menée ? mon Dieu ! ayez pitié de moi, ne m'abandonnez pas ! » — Sœur Thérèse répondit : « Ma chère enfant, écoutez-moi ; oui, vous êtes malheureuse puisque vous avez perdu votre mère, mais Dieu a eu pitié de vous : vous êtes ici chez le bon marquis de Menneville, qui a entouré les derniers jours de votre mère d'une si admirable sollicitude ; demain je vous conduirai chez la marquise, excellente et digne personne, encore retenue dans sa chambre ; elle vous aimera et vous l'aimerez ; elle sera le soutien et la consolation de votre vie ; courage donc, chère enfant ! vous allez prendre un peu de nourriture, vous n'avez pas mangé depuis deux jours ; puis, vous vous mettrez dans ce lit, je ne vous quitterai pas, je resterai près de vous, je serai là, voici ma chambre, en face de la vôtre, et vous tâcherez de dormir, chère petite, vous en avez si grand besoin ! » — Lucie, en effet, prit avec sœur Thérèse un petit repas, qui fut servi par une femme de chambre, dans le petit salon, puis elle se coucha..... Le lendemain, elle trouva, dans ce même petit salon, un trousseau complet, un assortiment de lingerie, de robes, de manteaux, de vêtements de deuil qui lui étaient destinés.

Elle s'habilla. Jamais sa beauté n'avait été plus

touchante ; les tresses de sa blonde chevelure s'enroulaient, avec une grâce infinie, autour de sa tête; ses yeux d'un bleu velouté avaient une ineffable expression de tristesse et de douceur angélique qui s'harmonisait avec la pâleur de son teint; il y avait, dans tout son être, je ne sais quel charme et quel idéal parfum d'innocence, de candeur et de distinction. « — Mon enfant, lui dit sœur Thérèse, il faut vous préparer à faire visite à madame la marquise de Menneville; mettez ce chapeau de crêpe, laissez tomber ce grand voile sur votre figure, enveloppez-vous de ce manteau, voyez si ces gants ne sont pas trop larges pour vos petites mains? » — Dans sa toilette de deuil, Lucie était ravissante à contempler; les vêtements noirs, sous lesquels se dessinaient la finesse et les gracieux contours de sa taille, et la douleur empreinte dans tout son extérieur, lui donnaient un attrait plus séduisant encore.

Mme de Menneville occupait le deuxième étage de l'hôtel; quand Lucie, accompagnée de sœur Thérèse, entra dans son appartement, le marquis s'empressa de venir à sa rencontre, et, la prenant par la main, il la présenta à la marquise, étendue sur une chaise longue. La pauvre Lucie, intimidée, toute tremblante, incapable de prononcer une seule parole, ne put que se jeter aux pieds de la marquise, en s'efforçant en vain de retenir ses sanglots. Mme de Menneville, émue elle-même jusqu'aux larmes, l'embrassa avec effusion, la releva, la fit asseoir tout près d'elle, et lui dit, de sa voix la plus douce et la plus tendre : « — Ma chère enfant, quelques instants avant que votre mère ne rendît son âme à Dieu, le marquis lui a promis que vous ne seriez pas seule au monde, que vous auriez en nous des soutiens, des amis dévoués; nous serons fidèles à cette promesse; chère petite, essuyez vos yeux, rassurez-vous; vous demeurerez ici, vous y serez chez vous; sœur Thérèse qui vous aime beaucoup, et que vous aimez bien aussi, n'est-ce pas? restera quelque temps avec vous; elle prendra ses repas avec vous; vous serez servie dans votre appartement; elle vous accompagnera à l'église, au cimetière, sur la tombe de votre mère; vous viendrez me voir tous les jours; quelque chose me dit que nous aurons, l'une pour l'autre, une sympathie, une affection que je me sens déjà pour vous; ma santé, je l'espère, sera bientôt rétablie, et alors vous serez tout à fait à nous; vous vivrez de notre vie; le marquis et moi nous ferons tous nos efforts pour que vous vous attachiez à nous, et que vous nous aimiez, comme nous vous aimons déjà... »

Lucie s'installa tout à fait dans l'appartement du troisième; sœur Thérèse, de concert avec le bon docteur Dagremont, lui donnait tous les soins indiqués par sa santé affaiblie; suivant la prescription du docteur, elle lui faisait faire, tous les jours, une promenade dans le jardin du Luxembourg; le matin, elle la conduisait à la messe, et, quand le temps le permettait, au cimetière, où la pauvre enfant aurait voulu passer des heures entières. « — Ma sœur, dit-elle un jour à sœur Thérèse, je voudrais revoir la petite chambre que j'habitais avec ma mère où j'ai tant travaillé et tant souffert, où le bon Dieu nous a envoyé M. le marquis, où ma mère est morte!... — Non, ma chère enfant, lui répondit sœur Thérèse, ne me demandez pas de vous y mener, le docteur l'a défendu. Vous y auriez des émotions trop vives et dangereuses pour vous; il faut ménager votre sensibilité. D'ailleurs tout est déjà changé dans cette chambre; d'autres personnes y sont établies; c'est ainsi que va le monde, où tout change, où tout passe; voyez, pour vous-même, quel changement dans votre position! — Comment, ma sœur! je ne pourrai donc plus *jamais* voir cette pauvre petite chambre, où j'ai tant aimé ma mère, où j'ai tant pleuré, où j'ai reçu sa dernière bénédiction et son dernier soupir! — Ma fille, je ne vous dis pas *jamais* : nous ne connaissons pas l'avenir; vous ne savez pas quel sort vous est réservé; peut-être un jour pourrez-vous retourner dans cette chambre; mais maintenant n'y pensez pas; faites au bon Dieu, qui a tant fait pour vous, le sacrifice de ce désir! »

Tous les jours, sœur Thérèse et Lucie allaient chez la marquise; on y causait; on y travaillait à des vêtements pour les pauvres, pour le vestiaire de la paroisse; on y faisait quelques lectures pieuses, historiques ou littéraires. Lucie lisait avec un charme tout particulier; sa voix, d'une pureté, d'une douceur exquises, était comme une délicieuse musique, on eût dit le gazouillement d'un ruisseau limpide. Douée de la plus vive sensibilité, elle accentuait, avec un tact infini, toutes les situations, et faisait passer, dans l'âme de ceux qui l'écoutaient, les sentiments, les impressions qu'elle éprouvait elle-même; aussi, on ne se lassait pas de l'entendre. Un jour, le bon abbé Vidaling fut annoncé : « — Mademoiselle, lui dit-il, la mort si édifiante de votre mère m'a profondément ému; il me semble la voir encore, après qu'elle eut reçu le saint Viatique, étendre ses mains sur votre tête, pour vous bénir; or, permettez-moi de vous le dire, cette bénédiction a produit ses fruits, puisque vous êtes dans cette maison! »

Un mois s'était écoulé, depuis l'entrée de Lucie à l'hôtel; sœur Thérèse y était presque sa seule société; elle prenait tous ses repas avec elle, dans le petit salon de son appartement; cependant elle passait un certain temps, chaque jour, dans la chambre de la marquise; elle y rencontrait quelquefois le marquis; elle avait, pour lui, la plus profonde vénération; c'était un sauveur, une providence. Le souvenir de tout ce qu'il avait fait pour sa mère, avec tant de dévouement, de délicatesse, de générosité, était sa pensée de tous les instants, et cette pensée la pénétrait d'une reconnaissance, d'une émotion si vives que souvent ses yeux se mouillaient de larmes. La marquise l'accueillait toujours avec une bonté si expansive; elle avait pour elle de si gracieux sourires, des paroles si tendres, de si charmantes attentions; c'était une femme d'une piété si éclairée, d'une si haute distinction, chez laquelle tant de noblesse s'alliait à tant de simplicité, qu'elle lui avait inspiré une affection tous les jours croissante; en s'abandonnant à cette affection, Lucie suivait la pente toute naturelle de son cœur qui avait besoin d'aimer.

Aussi, malgré la réserve de son caractère et sa timidité de jeune fille, elle s'accoutumait de plus en plus à sa nouvelle situation. Sans doute, elle était bien loin de se regarder comme *chez elle*, à l'hôtel de Menneville, mais elle s'y sentait moins gênée, plus à l'aise; elle n'éprouvait plus le même embarras, la même hésitation, la même crainte, chaque fois qu'il lui fallait sortir de son appartement. Elle allait et venait, avec plus de liberté, bien que, dans toutes ses démarches et dans toute sa manière d'être, elle conservât toujours le tact parfait et la discrétion, qui étaient dans sa nature et que la bonne éducation y avait développés. Sœur Thérèse lui était donc moins nécessaire ; elle fut rappelée par sa Supérieure. La sainte fille, dont la vie, vouée à l'obéissance et au sacrifice, se passait à faire le bien, quitta l'hôtel avec le plus grand regret, pour s'en aller ailleurs, compatir à d'autres souffrances, soulager d'autres douleurs. Son départ fut pour Lucie un véritable chagrin ; quand elle avait pu se croire abandonnée, et seule au monde, elle avait trouvé, en sœur Thérèse, tant de sympathie, une affection si vraie, si maternelle, qu'elle s'y était attachée comme à une seconde mère; il lui semblait voir en elle un souvenir vivant, quelque chose même de sa mère, dont elle avait su consoler les derniers jours, et adoucir les derniers instants, avec le charme d'une créature toute céleste.

L'éloignement de sœur Thérèse eut encore une

autre conséquence pour Lucie; son existence en fut changée ; jusque-là, elle était restée comme à distance respectueuse du marquis et de la marquise ; et, bien qu'habitant le même hôtel, elle s'était discrètement tenue à l'écart ; mais, à partir de ce moment, elle dut nécessairement s'en rapprocher davantage, pénétrer dans leur intimité, manger à leur table, vivre de leur vie, et faire, en réalité, partie de leur maison. Une femme de chambre fut spécialement attachée à son service, avec recommandation expresse, ainsi qu'à tous les autres domestiques, d'observer à son égard la même attitude de subordination et de convenances que le marquis et la marquise exigeaient pour eux-mêmes ; cette recommandation était superflue, car Lucie, par son aménité, sa politesse toujours gracieuse, s'était, depuis longtemps, concilié le respect, le dévouement et l'affection de tout le personnel de l'hôtel.

La santé de la marquise, en bonne voie de guérison, était entrée dans une phase toute différente, et demandait, par conséquent, un tout autre traitement. A l'immobilité, devait succéder l'exercice au grand air, recommandé aussi à Lucie ; or, tous les jours, d'après la prescription du docteur Dagremont, la marquise et Lucie montaient en voiture vers deux heures après midi ; quelquefois, le marquis les accompagnait ; tantôt il prenait place à côté d'elles, et tantôt, cavalier encore habile, malgré ses soixante-dix ans, il précédait ou suivait la voiture au grand trot de son cheval de selle. Le plus habituellement, on se dirigeait vers le bois de Boulogne, soit par les quais et les Champs-Élysées, soit que, par le boulevard des Invalides et les allées latérales du Champ-de-Mars, on préférât gagner les hauteurs d'Auteuil ou de Passy.

Le bois de Boulogne, actuellement l'un des parcs les plus beaux, l'une des plus délicieuses promenades du monde, était alors une sorte de désert, sans eau, sans entretien, sans agrément; il était traversé par de longues et monotones allées, poussièreuses et creusées d'ornières; c'était, dans la matinée, le rendez-vous ordinaire des duellistes, et, pour peu que le jour fût à son déclin, on y courait risque d'y être accosté par quelque détrousseur de grand chemin. Telle était, cependant, la route la plus directe de Paris à Saint-Cloud.

Dans l'arrière-saison, le soir, à la nuit tombée, on y faisait quelquefois une rencontre aussi brillante qu'imprévue : c'était Louis-Philippe se rendant, avec toute la cour, en cortège de gala, au château de Saint-Cloud, quand il y avait établi sa résidence. On voyait alors défiler, au milieu de ces épais massifs d'arbres séculaires, un escadron de cavalerie, le sabre au poing : il précédait les voitures royales, éclairées par quatre lanternes, attelées de six chevaux, escortées et suivies par des gardes et par des laquais à cheval, portant tous une torche allumée; c'était, au milieu de l'obscurité, et dans ces allées habituellement sombres et solitaires, surtout à pareille heure, comme une apparition fantastique; c'était, du moins, un de ces imposants et magnifiques spectacles comme la royauté seule peut en donner.

Tous les jours, dans la matinée, la marquise et Lucie assistaient à la messe à Saint-Jacques du Haut-Pas; elles s'y rendaient à pied, en remontant la rue d'Enfer, jusqu'à la petite rue de l'Abbé-de-l'Épée, et plus d'un passant s'arrêtait pour regarder cette belle et noble dame, drapée dans sa riche fourrure, ayant à son bras la plus ravissante jeune fille qu'il fût possible de rêver.

Les jours de grande fête, on allait aux vêpres de Saint-Roch; c'était alors l'église la plus fréquentée et la plus en vogue; elle avait pour curé l'abbé Olivier, qui devint plus tard évêque d'Évreux. C'était un homme d'une rare intelligence et d'une prestance superbe; la finesse, la vivacité de son esprit éclataient sur toute sa belle physionomie, et dans le feu de ses yeux; il était un des familiers des Tuileries, et confesseur de la Reine. Sous son habile administration, Saint-Roch était devenu la première paroisse de Paris; la foule s'y portait, et à certains jours de fête, c'est à peine si l'on pouvait y trouver place. Au dernier moment, le prédicateur venait-il à manquer? — M. Olivier se précipitait sans hésiter vers la chaire, et improvisait un sermon pétillant de talent, de verve et d'entrain. La maitrise était composée des meilleurs artistes, et la voix séraphique d'Alexis Dupont enivrait les oreilles d'accents mélodieux d'une incomparable suavité. La reine Marie-Amélie, la princesse Clémentine sa fille, et les dames de la cour assistaient aux offices, dans une tribune, au-dessus de la porte de la sacristie, à la hauteur du maitre-autel et, pour entendre le sermon, elles arrivaient au banc-d'œuvre, précédées du suisse et du curé; la foule se rangeait et s'inclinait respectueusement sur leur passage.

Lucie était très pieuse; son éducation, son instruction avaient été essentiellement religieuses; elle avait eu les meilleurs principes et les meilleurs exemples; aussi, ayant le sentiment du beau, elle aimait les offices et les cérémonies de l'Église, elle en comprenait la sublime poésie et le charme divin. Les chants sacrés la remuaient jusqu'au fond de l'âme; leurs accords harmonieux, d'une expression si pure, si tendre et si élevée, lui semblaient des chants du ciel, et on la voyait quelquefois, les yeux mouillés de larmes, s'agenouiller, la tête dans les deux mains, en pensant à son père et à sa mère!...

Ses conversations avec le marquis et la marquise étaient toujours du meilleur ton, du goût le plus distingué, et conformes à toutes les convenances que doit observer une jeune personne de vingt ans, bien élevée et naturellement timide et réservée; elle s'efforçait de surmonter sa tristesse; elle causait des lectures qu'elle avait faites, de ce qui l'avait le plus frappée dans ses promenades; elle appréciait, avec beaucoup de tact, les plus beaux morceaux de chant qu'elle avait entendus à l'église, les passages les plus remarquables des prédications, et, avec un naturel charmant, elle ne manquait jamais de prier qu'on voulût bien ne pas lui ménager les conseils, les remontrances, les reproches; mais il ne se passait pas un seul jour sans qu'elle exprimât, dans les termes les plus tendres et les plus expansifs, son attachement, sa respectueuse affection et sa reconnaissance inaltérable pour ses chers bienfaiteurs. Deux ou trois fois par semaine, elle écrivait de longues lettres à sœur Thérèse, elle lui racontait, avec une ingénuité charmante, ses moindres actions, comment se passaient toutes ses journées, quelles lectures elle avait faites, à quel ouvrage elle avait travaillé, quelles personnes elle avait vues, soit à l'hôtel, soit en visites; le souvenir de sa mère était toujours la pensée dominante de ces lettres, toutes pleines aussi de ces sentiments du cœur, qu'elle manifestait avec tant de bonheur et de délicatesse, et dont elle était pénétrée pour sœur Thérèse, pour le marquis et pour la marquise.

M. et madame de Menneville, de leur côté, n'avaient pas été longs à s'attacher à Lucie; son caractère était si excellent; elle avait tant de droiture, une si belle âme, une si aimable franchise, une tenue si parfaite, des manières si distinguées; elle était si bonne et si douce, elle les entourait de tant de prévenances, qu'ils s'étaient bien vite habitués à sa présence, et que, bientôt même, ils avaient senti qu'elle leur était tout à fait indispensable. Ils s'étaient laissés aller à l'aimer, et cette affection, tous les jours plus vive et plus profonde, n'avait pas tardé à devenir la première et la plus tendre de leurs affections. La marquise ne la quittait plus; à l'église, en visites, en promenades, dans son appartement, *sa Lucette* (c'est ainsi qu'elle l'appelait) était toujours à ses côtés. Et quand le marquis était témoin de cette touchante intimité; quand il voyait la marquise embrasser cette gracieuse enfant, jouer avec elle, comme si elle était encore jeune elle-même, quand il l'entendait l'appeler *sa Lucette*, il se sentait ému, et de grosses larmes coulaient le long de ses joues.

Le docteur Dagremont avait prescrit, pour la marquise et pour Lucie, une saison aux eaux thermales de Saint-Gervais, en Savoie. Le mois de juin était arrivé, c'était le moment de partir; le voyage était long; on devait passer par Genève; or, à cette époque, il fallait trois jours et trois nuits pour aller de Paris à Genève; deux diligences seulement faisaient ce service : les Messageries Royales, de la rue Notre-Dame-des-Victoires, et les Messageries Laffitte et Caillard, dont les bureaux avaient leur entrée rue Jean-Jacques-Rousseau et rue Saint-Honoré. Le marquis voyageait dans sa chaise de poste, grande et confortable berline à quatre chevaux, se découvrant à volonté, toujours précédée, à une heure de distance, par un courrier, chargé de tenir prêts et de payer les chevaux, à tous les relais. M. et madame de Menneville occupaient, avec Lucie, l'intérieur de la voiture, et une femme de chambre le compartiment qui se trouvait en arrière. Le départ eut lieu le lundi 8 juin, dans l'après-midi; on suivit la grande route de Bourgogne, qui passe par Melun, Tonnerre, Montbard, le Val-Suzon, Dijon, Dôle; le mercredi, vers cinq heures du soir, on était à Poligny, au pied de la première chaîne du Jura. La vue, toute nouvelle pour elle, de ces belles montagnes impressionna vivement

Lucie; mais le jeudi matin, elle se sentit transportée d'enthousiasme quand, du col de la Faucille, à un dernier détour de la route, elle vit se déployer tout à coup, et comme par enchantement, un des plus splendides panoramas d'Europe : le lac de Genève tout entier, ses rives enchanteresses, et, à l'horizon, toute la chaîne immense du mont Blanc, dont la blancheur éclatante scintillait, aux rayons d'un soleil d'été, sur l'azur du plus beau firmament. Le marquis et la marquise étaient saisis d'admiration, et le bonheur de leur chère *Lucette* doublait celui qu'ils éprouvaient eux-mêmes. Vers midi, on arrivait à Genève, à l'hôtel de l'*Écu*, dont les fenêtres s'ouvraient sur le lac. Lucie ne pouvait se lasser de contempler ces eaux si bleues et si pures, et toutes ces verdoyantes collines émaillées de tant de villas.

Au sortir de Genève, et dans un espace de dix-sept lieues, les yeux sont continuellement captivés par les sites les plus variés; ce sont les monts Salèves, et la montagne du Môle; c'est la sauvage vallée de Maglan, avec sa belle cascade d'Arpenaz; et quand on a traversé le pont de Saint-Martin, c'est le mont Blanc, dont la masse imposante et colossale se découvre subitement, avec une incomparable majesté, au-delà de Sallanches, et au-dessus de la gorge de Saint-Gervais.

A Saint-Gervais la durée de *la saison*, autrement dit du traitement, que dirigeait le docteur de May, propriétaire et médecin de l'établissement, était d'un mois environ. Après le bain et la buvette, on était libre et maître de tout son temps, qui s'écoulait vite.

et toujours bien rempli : excurssions à Combloux, à Mégèves, à Chamonix, au château de Domancy, aux cascades de Chède et du Crépin ; causeries, lectures, travaux à l'aiguille, dans le bois des Amerans, tapissé de fraises et de myrtilles ; promenades aux Fayets, sur la route de Sallanches ; vue du mont Blanc, pendant le jour, d'une éblouissante blancheur de neige et de glace, et le soir, resplendissant de teintes ardentes, s'allumant, s'embrasant des feux du soleil couchant, et quand tout était obscur dans la vallée et sur les montagnes, brillant dans les airs, comme un météore, comme un immense foyer d'incendie. Cette nature étrange, grandiose, merveilleuse, fascinait Lucie, étonnait, frappait son imagination vive et enthousiaste : son âme de jeune fille s'ouvrait, avec une intarissable admiration, à la contemplation de toutes ces grandes choses, de ces montagnes gigantesques, de ces forêts de sapins perchées sur les pentes les plus abruptes, de ces fougueux torrents, l'Arve, le Bonnant, dont le bruit charmait ses oreilles, jusque dans le silence de la nuit.

Les eaux et l'air vivifiant des montagnes ne tardèrent pas à produire les plus salutaires effets sur la santé de la marquise de Menneville ; quant à Lucie, elle y retrouva bientôt toute sa fraîcheur de jeune fille, tout le bouquet, tous les boutons de roses de ses vingt ans. Debout dès l'aube matinale, elle écrivait à sœur Thérèse, elle rédigeait ses impressions de la veille, elle dessinait la cascade des Bains, le pont sur le Bonnant, la vue générale de l'établissement.

Le marquis et la marquise, heureux de son bonheur, au milieu de cette nature si nouvelle pour elle, et dont elle comprenait si bien les magnifiques beautés, voulurent, avant de rentrer en France, lui faire connaître une partie de la Suisse, qui leur avait laissé d'anciens et ineffaçables souvenirs. Ce fut d'abord le tour du lac de Genève, où les yeux charmés se reposent et s'égarent partout, sur les perspectives les plus riantes et les plus variées. Ce fut ensuite la vallée du Rhône, et la prodigieuse route du Simplon, conçue, exécutée par Napoléon Ier, où le génie de l'homme, si merveilleux qu'il soit, s'efface devant les œuvres plus merveilleuses encore du Créateur; puis le versant méridional des Alpes, et ses lacs enchanteurs, le beau ciel de l'Italie, Milan et sa splendide cathédrale.

Quand, sur la plate-forme de cette église, unique au monde, Lucie se vit entourée de statues, de guirlandes, d'arabesques, de flèches de marbre, quand elle aperçut, se déroulant à ses pieds, et tout autour d'elle, l'éblouissant panorama de Milan, de ses environs, des plaines de la Lombardie et de la chaîne des Alpes, alors elle fondit en larmes! « — Qu'avez-vous donc, chère enfant? qu'avez-vous donc, ma Lucette? lui dirent à la fois M. et madame de Menneville, qu'avez-vous à pleurer ainsi, vous nous faites de la peine! — Ah! Monsieur! ah! Madame! pardonnez-moi! c'est involontaire; je pense à ma mère, à notre pauvre mansarde, où vous êtes venu si généreusement, et avec tant de bonté, monsieur le marquis! Oh! mon Dieu!

que d'événements! quels contrastes! quels changements! ma pauvre mère! si elle pouvait me voir ici! Mais moi-même, je n'y puis croire, ma tête se perd; il me semble que c'est un rêve! que vais-je devenir?

— Calmez-vous, chère, très chère petite, votre mère est au ciel, elle veille sur vous, elle vous protège, et nous, nous sommes là, avec vous; vous êtes à nous, vous ne nous quitterez pas! Essuyez vos yeux; regardez comme tout cela est admirable, et remercions, tous ensemble, la Providence qui nous permet de voir de si belles choses! » Et le bon vieux marquis, en pleurant aussi, pressait une main de Lucie dans les siennes, pendant que la marquise la serrait dans ses bras, et la couvrait de ses baisers...

On revint par les lacs de Como, de Lugano, par le lac Majeur, les îles Borromées, par le Saint-Gothard, la vallée de la Reuss, le lac des Quatre-Cantons, Lucerne, et, sans toucher à Paris, on gagna directement le château de *la Rocatelle*, dans la Haute-Vienne.

C'était un domaine des plus importants, dont le revenu annuel dépassait cent mille francs. Le château, de style renaissance, s'élevait sur le versant d'une colline, du haut de laquelle descendait à flots bouillonnants une petite rivière torrentueuse; ses eaux limpides faisaient entendre le plus agréable murmure, et au bas de la colline elles formaient un lac, tout peuplé de cygnes noirs et blancs, de canards de Chine, de Barbarie et du Japon, aux brillants plumages. De vastes pelouses soigneusement entretenues, des corbeilles de fleurs étaient bordées de hautes futaies, qui donnaient les plus délicieux ombrages. Quatre fermes étaient attenantes au parc, et, à l'extrémité de leurs territoires, on apercevait au loin, d'un côté, le petit village de Rumilly, de l'autre une forêt de plus de mille hectares, qui se perdait à l'horizon, sur les coteaux d'alentour. Telle était la Rocatelle ; elle réunissait tous les genres d'agréments : dans la forêt, on trouvait, outre la petite bête, des sangliers, des chevreuils et des loups ; aussi les chasses du marquis étaient-elles en grande renommée. Les terres arables, très fertiles, donnaient les produits les plus abondants et les plus variés ; des troupeaux de moutons, de vaches, de chèvres, de jeunes chevaux paissaient dans de belles et grasses prairies.

Le marquis était aimé et vénéré pour ses bienfaits ; dans une dépendance du château, il logeait un médecin, chargé de donner à tous ceux qui les demandaient soins et médicaments gratuits. Plusieurs fois par semaine, il visitait avec son intendant les villages environnants, laissant partout des largesses, pourvoyant à toutes les éventualités malheureuses, soulageant toutes les misères, aidant tous ceux qui avaient besoin de ses conseils et de son argent ; il accueillait toujours, et à toute heure, les pauvres et les ouvriers, avec une bonté toute paternelle. Les curés des paroisses voisines et ses fermiers avaient toujours, au château, table ouverte.

Aussi son arrivée à la Rocatelle fut-elle une véritable fête ; dès le lendemain, il y avait affluence de bons villageois ; chacun voulait voir M. le marquis, lui souhaiter la bienvenue, saluer madame la marquise, et voir la *Demoiselle*, que l'on disait si belle et si aimable !

Le jour de l'Assomption était proche; c'était la fête de madame de Menneville. La veille, à la nuit tombante, une fusillade, des feux de file et de peloton se firent entendre dans le parc; tous les ouvriers, ouvrières et journaliers, habitants des fermes et des villages voisins, rangés en bon ordre sous les fenêtres du château, venaient offrir à la marquise un énorme vase de fleurs. Le plus ancien fermier lut un compliment, qui fut écouté avec un religieux silence, et salué d'unanimes et bruyantes acclamations. Les jeunes filles présentèrent à Lucie un magnifique bouquet de roses blanches, et l'invitèrent à porter la bannière à la grande procession du lendemain.

Le marquis, en quelques mots chaleureux, sortis du cœur, et avec tous les accents d'une vive et véritable émotion, remercia tous ces braves gens, leur exprima le plaisir qu'il avait à les revoir, et quand il eut terminé sa petite harangue, applaudie de tous, la marquise, ayant Lucie à son bras, trouva aussi pour chacun de bonnes et affectueuses paroles.

Le lendemain, Lucie quêta aux offices, et de tous les côtés de l'église les pièces de la plus humble monnaie tombaient, comme la grêle, dans la bourse qu'elle présentait avec la grâce la plus charmante. A l'issue des vêpres, au son de toutes les cloches et au chant des litanies, la procession se mit en marche; elle parcourut les rues du village et la grande avenue du château. Lucie était en tête, enveloppée d'un grand voile de mousseline blanche, qui laissait voir à peine le bas de sa robe noire; elle portait la bannière; derrière elle s'avançaient, sur deux rangs, les jeunes filles en blanc, puis, sur deux rangs également, les jeunes garçons. Quatre des plus grands portaient, sur une sorte de palanquin orné de fleurs et de grappes de raisins noirs, la statue de la sainte Vierge, que suivaient le clergé, le marquis, la marquise et la foule des fidèles.

Quand fut terminée cette touchante cérémonie, à laquelle avaient assisté, tous ensemble et avec le même recueillement, maîtres et serviteurs, fermiers, tenanciers de tous les degrés, des jeux, des distractions de toutes sortes continuèrent la fête dans le parc du château, et achevèrent joyeusement cette belle journée. Promenades, joutes, luttes de vitesse, en barques, sur le lac; mâts de cocagne, chevaux de bois, tirs au fusil, au pistolet, à l'arbalète, courses en sac, jeux d'adresse, de volants, de quilles, de boules, tout avait été préparé, les jours précédents. L'entrain, l'animation, la joie éclataient partout; la gaieté la plus franche respirait sur le visage de tous ces bons habitants de la campagne, heureux, après les travaux de la semaine, et après leurs devoirs religieux remplis, de prendre leurs ébats et de se livrer à ces innocents plaisirs.

La nuit venue, la grande pelouse s'éclaira de falots, de globes lumineux, et on la vit émaillée de pyramides de fruits, de pains, de viandes froides, de moutons cuits la veille ; on s'assit à terre, on se réunit en groupes ; et chacun trouva place dans cette salle à manger improvisée, autour de ces buffets champêtres abondamment fournis pour un festin homérique, égayé par le vin et les chansons villageoises, comme aux temps primitifs, comme aux bons vieux temps d'autrefois. Les châtelains parcouraient les rangs des convives, se mêlaient aux conversations, écoutaient les chants, stimulaient les appétits, portaient des toasts.

Le moment venu, sur un signal du marquis, des traînées lumineuses, des fusées, des serpents, des gerbes de feu, s'élancèrent, éclatèrent dans les airs ; des flammes de Bengale jaillirent comme des volcans, illuminèrent, embrasèrent les parterres ; les fleurs, les arbres étincelèrent des teintes les plus ardentes, les plus fantastiques ; ce fut un pétillement général, un incendie féerique, merveilleux et de toutes les couleurs ; alors l'étonnement, l'ébahissement, l'enthousiasme, ne purent se contenir, des battements de mains, des cris, des transports, des acclamations, des vivats répétés et frénétiques retentirent parmi tous les spectateurs, et quand tout fut fini, et que tout fut éteint , on entendait encore dans la campagne, comme derniers et lointains échos de la fête, les chants joyeux de tous ces enfants, de tous ces hommes, de toutes ces femmes, qui regagnaient leurs demeures

La vie des châteaux est souvent plus mouvementée que la vie de Paris ; Lucie en fit l'expérience pendant ses deux mois de séjour à la Rocatelle. Les journées semblaient toujours trop courtes, tant elles étaient occupées. Presque tous les jours, messe, tantôt à l'église du village, et tantôt à la chapelle du château. Quand c'était au village, visite et distribution de secours en argent, en vivres, en vêtements à des habitants pauvres ou malades ; quand c'était au château, déjeuner avec le curé, quelques prêtres, quelques notables des environs. Presque tous les jours, grande promenade, excursion en forêt et dans la campagne. La marquise était en phaéton ; à ses côtés caracolaient, à cheval, le marquis et Lucie, et par derrière, un piqueur qui, chaque jour, dans le manège du château, donnait, en présence du marquis et de la marquise, une leçon d'équitation à Lucie ; elle montait un élégant petit cheval gris pommelé qu'on appelait *Minet*. Son costume d'amazone lui allait à ravir, et dessinait délicieusement les charmes de sa personne, la finesse de sa taille, les gracieux contours de sa poitrine. On ne pouvait la voir sans s'arrêter à la contempler et à l'admirer ; quelquefois, sur son passage, on entendait dire : *Oh ! qu'elle est jolie !* Un vieux serviteur, du nom de *Pottier*, infirme, mal tourné, contrefait, et qui marchait tout courbé, le corps en arc de cercle, les bras en arrière comme pour faire un contre-poids et l'empêcher de tomber sur la tête, se redressait à son aspect, et disait à la marquise d'un air épanoui : *Oh ! Madame la marquise, qu'elle est belle, votre demoiselle ! c'est comme une divinité ; on dirait la bonne Vierge !* — Et la marquise lui répondait :

Eh bien! mon brave Pottier, elle est encore plus excellente que belle! — Lucie était seule à ignorer sa beauté ; en elle, tout était simple et naturel ; elle était bonne, douce, affable pour tout le monde ; sa voix, sa parole avaient une incomparable suavité, aussi elle était universellement aimée ; les enfants, les vieillards la recherchaient ; les chiens, en l'apercevant, accouraient à sa rencontre, folâtraient, gambadaient autour d'elle ; à son approche, *Minet* hennissait et dressait ses oreilles. Il fallait voir avec quelle légèreté, quelle prestesse elle se hissait en selle, avec quelle souplesse et quelle grâce elle suivait tous les mouvements, le trot, le galop de *son Minet!*

Il ne se passait pas de semaine sans que le marquis, la marquise et Lucie ne se rendissent à une invitation pour quelque fête, dans un des châteaux du voisinage ; il ne s'en passait pas non plus, sans que les habitants de ces châteaux ne fussent reçus à la Rocatelle. Les jours de réception, Lucie faisait, de concert avec la marquise, les honneurs du parc et du château ; sans jamais se départir de la modestie, de la réserve et de la discrétion qui conviennent à son âge ; elle avait un mot aimable, une attention, une prévenance pour chacun ; elle se multipliait, pour ménager aux invités un plaisir, une surprise ; elle était la grâce personnifiée, mais la grâce sans coquetterie, sans calcul, sans apprêt, la grâce de la droiture, de la bonté, de la candeur.

Les dîners étaient habituellement précédés de grandes chasses : chasses aux sangliers qui dévastaient les champs de pommes de terre des fermiers; chasses aux loups, qui, la nuit, rôdaient autour des parcs de moutons, et livraient de terribles attaques et des combats acharnés aux chiens des bergers; chasses aux lapins, aux perdrix et aux faisans. Le marquis, en dépit de ses soixante-dix ans, était un habile tireur; de nombreuses pièces de gibier abattues attestaient la sûreté de son tir. Les épisodes, les exploits de la journée animaient, égayaient les conversations; tandis que le pétillement du champagne délassait des fatigues, inspirait de joyeux propos, stimulait la verve et l'entrain des convives.

Il y avait, à la Rocatelle, un va-et-vient presque continuel de visiteurs, d'amis, d'invités, dont les uns n'y passaient que quelques heures, dont les autres y faisaient un séjour plus ou moins prolongé. Un jour, au retour d'une promenade, la duchesse de Valermont, l'une des plus riches propriétaires du département, dit à madame de Menneville : — « Quel dommage, marquise, que votre Lucie, qui est si belle et si charmante, soit sans naissance et sans fortune, je vous l'aurais demandée pour mon fils ! Mais le vicomte est ambitieux ; il a, vous le savez, de son père, deux cent mille livres de rente, et il m'a déclaré qu'il ne se marierait pas, à moins que sa femme ne lui en apportât autant. » — Un autre jour, la baronne de Richebourg disait à madame de Menneville : — « Oh ! chère marquise, pourquoi faut-il que mon fils soit un si mauvais sujet ! avec quel bonheur j'aurais appelé Lucie : *ma fille*, si vous eussiez bien voulu me la donner !

Quelle délicieuse enfant ! elle n'a pas de fortune, ça m'est égal, j'en ai, moi, assez pour elle et pour mon fils ! Mais, hélas ! il n'y faut pas songer, le malheureux, joueur, débauché, n'est pas digne d'un pareil trésor ! » —

Au milieu de toutes ces distractions et de cette agitation incessante, le marquis et la marquise remarquaient, chez Lucie, une teinte de tristesse qu'elle s'efforçait en vain de dissimuler, mais que trahissait sa physionomie, même quand on pouvait la croire dans ses moments de plus grande gaieté ; ils en étaient préoccupés, inquiets, car ils l'aimaient l'un et l'autre, comme si elle eut été leur fille.

Un jour, au retour de la messe, la marquise lui dit : — « Chère petite, vous avez un tourment, une contrariété, un chagrin ; vous êtes sombre par moments ; il y a quelques jours, vous pleuriez en écrivant à sœur Thérèse ; est-ce que nous aurions pu vous faire quelque peine? Vous ennuyez-vous ici? vous aurait-on causé un désagrément, dit une parole inconsidérée? Est-ce que vous ne nous aimez plus? nous qui vous aimons tant ! Dites-le-moi, *ma Lucette !* »... Et Lucie, l'enlaçant de ses bras, et la couvrant de ses baisers, lui répondait : — « Oh ! Madame, pouvez-vous croire que je ne vous aime plus, vous et monsieur le marquis, si bons, si généreux pour moi ! vous à qui je dois tout ! vous qui me représentez mon père et ma mère ! Sans vous ne serais-je pas seule au monde? mais je vais tout vous dire, et vous ouvrir le fond de mon âme, car je ne dois rien avoir de caché pour vous. Eh bien ! oui, je me sens triste ; il me semble que cette vie de château n'est pas faite pour moi, pauvre fille que je suis ! Je crains, parfois, d'être pour vous une gêne, un embarras, un ennui. Je me dis qu'il vaut mieux que je vous quitte, sans jamais, pour cela, cesser de vous aimer ! Je voudrais avoir la vocation religieuse, j'entrerais au couvent avec sœur Thérèse ; mais je ne l'ai pas encore, peut-être l'aurai-je un jour ; en attendant, il me semble que je dois vivre selon ma condition, en travaillant, comme je le faisais avec ma mère ; je voudrais avoir un emploi de sous-maîtresse dans une pension de jeunes filles, où vous et monsieur le marquis viendriez me voir, où je pourrais vous voir souvent, très souvent. — Ma chère enfant, lui dit la marquise, j'ai laissé votre cœur s'épancher dans le mien, et se soulager d'un poids qui l'oppressait. Écoutez-moi, à votre tour : vous venez de me montrer toute la délicatesse de vos sentiments ; j'ai vu le fond de votre âme ; à vous maintenant de voir le fond de la mienne ; croyez-le bien, le marquis vous parle aussi par ma bouche : en son nom, comme au mien, il a promis à votre mère que nous serions pour vous ce qu'elle était elle-même ; voulez-vous que nous manquions à cet engagement sacré ? Vous nous aimez ; mais nous aussi, nous vous aimons ; vous êtes notre affection la plus tendre, restez donc avec nous, comme vous seriez restée avec votre mère, si Dieu vous l'avait conservée, et ne songez plus jamais à nous quitter ! C'est la Providence, croyez-le bien, qui vous a placée ici ; elle a ses desseins, ses vues, que nous ne connaissons pas; c'est elle qui dirige tous les événements; abandonnez-vous donc avec confiance, et sans arrière-pensée, à son action divine, et soyez à nous, comme nous sommes à vous! » — De même qu'une brise bienfaisante rafraîchit l'atmosphère, disperse les nuages du ciel, et ramène la sérénité dans l'air, ainsi ces paroles si affectueuses et si bonnes de la marquise apaisèrent les scrupules, dissipèrent les alarmes de Lucie, et lui rendirent le calme dont son âme pure et candide avait besoin.

Quelques jours après cet entretien, une chaise de poste amenait, à la Rocatelle, le comte Georges de Liadières, neveu du marquis de Menneville, fils unique de sa sœur. C'était un jeune homme de trente ans environ, doué de toutes les qualités de l'esprit et du cœur; sa belle stature, sa figure fine et distinguée, l'élégance de ses manières, sa tenue irréprochable, tout annonçait sa noble extraction et son éducation parfaite. Il était resté orphelin de père et de mère à vingt-deux ans et possesseur d'une fortune de cent mille livres de rente, dont il avait abandonné la complète gestion au marquis son oncle. Au lieu de chercher, comme beaucoup de jeunes gens de son âge et de sa situation, son passe-temps dans les cercles, dans les dissipations, dans les plaisirs du monde, il n'avait pas cessé, fidèle aux principes religieux de toute sa famille, de mener la vie la plus laborieuse et la plus rangée. A vingt-quatre ans, il était docteur en droit. Alors, emporté par son amour pour les voyages, il était parti pour les Indes, accompagné d'un officier de marine en retraite, ami de son oncle; il y avait passé une année. De retour en France, il avait, tous les ans, fait quelque nouveau voyage : le Danemarck, la Suède, la Norwège, la Laponie, la Russie avaient été successivement le but de ses explorations; en dernier lieu, il avait visité les provinces centrales et danubiennes de l'Allemagne; rentré à Paris, au mois de septembre, il y avait fait ses dispositions pour aller passer l'hiver en Égypte, en Syrie et en Terre sainte. La Rocatelle était pour lui la première étape de ce grand voyage; il voulait, avant de faire cette longue absence, s'arrêter, trois ou quatre jours, chez son oncle et sa tante, le marquis et la marquise de Menneville.

L'arrivée de leur neveu fut une grande joie pour M. et madame de Menneville. Tout d'abord ils lui adressèrent le reproche affectueux de ne leur consacrer qu'un temps si court. — « C'est à mon grand regret, leur dit le comte, que je resterai si peu de jours avec vous; des affaires importantes m'ont retenu à Paris, et je dois m'embarquer le 14, à Marseille, pour Alexandrie; je ne puis donc être ici que trois ou quatre jours seulement. » — On était alors au 5 octobre, et déjà on s'occupait du départ général; on devait, en effet, quitter la Rocatelle le 11, pour aller en Touraine, au château de Rosières, avant de regagner Paris.

La présence du comte de Liadières à la Rocatelle, augmenta encore l'agrément habituel de ce séjour, et lui donna un surcroît d'animation et de gaieté. Le comte, d'un caractère ouvert, d'une humeur vive, d'une imagination brillante, débordait de verve et d'entrain ; il avait la parole facile et beaucoup de mémoire ; son esprit observateur saisissait, à première vue, le type, la beauté, la poésie de chaque chose ; aussi ses récits étaient imagés et toujours du plus piquant intérêt. Après le dîner, on passait au petit salon ; c'était là, auprès d'un feu pétillant, et tandis que la marquise et Lucie avaient en main quelque travail d'aiguille, qu'on aimait l'entendre raconter ses impressions de voyage ; il savait montrer et peindre, en traits saillants et pittoresques, la physionomie originale et spéciale de chaque pays. Dans l'Inde, végétation bizarre et luxuriante, des temples, des pagodes de l'architecture la plus fantastique, des promenades, des courses en palanquin, sous un soleil dévorant, des chasses dans les jungles, au tigre, à la panthère, à l'éléphant. En Suède et en Norwège, de délicieux lacs entourés de montagnes verdoyantes ou neigeuses ; leurs eaux profondes, au dire de poétiques légendes, sont habitées par des Gnômes, des Elfes et des Ondines, bons et mauvais génies qui voltigent à leur surface, et, la nuit, mêlent leurs voix joyeuses ou plaintives au murmure des vents. En Laponie, des horizons froids et brumeux, une végétation maladive, étiolée, et des troupeaux de rennes conduits de campements en campements, par une population rabougrie, sauvage, incapable de se fixer nulle part, et réfractaire à toute civilisation. En Russie, des steppes immenses, des villages d'aspect misérable, des paysans sordides, à côté de la noblesse la plus riche et la plus élégante, à côté de villes, de palais magnifiques, de musées peuplés de chefs-d'œuvre, d'églises étincelantes de l'éclat de l'or et des diamants : l'extrême misère et l'extrême opulence. En Suisse..... A ce nom, Lucie ne pouvait contenir une exclamation et maitriser son enthousiasme. — « Quel admirable pays! disait-elle; Monsieur le comte, connaissez-vous Genève ? Saint-Gervais? le Simplon? le lac des Quatre-Cantons? » — Et Georges, tout heureux d'être interpellé, retraçait ses souvenirs, avec des couleurs plus vives encore.....

A dix heures, on servait le thé; puis la prière du soir se faisait en commun ; Georges embrassait le marquis et la marquise, saluait Lucie en vrai gentilhomme, et chacun gagnait son appartement.

Le lendemain matin, à l'heure convenue, quatre chevaux de selle piaffaient devant le château; M. de Menneville et Georges se promenaient en tenue de cheval; Lucie ne tardait pas à descendre le grand perron, ravissante dans son costume d'amazone, sa petite cravache à la main : elle allait timidement à leur rencontre; le marquis lui tendait affectueusement ses deux mains, Georges saluait respectueusement; de son balcon, la marquise assistait au départ; on se mettait en marche; trois chevaux de front, Lucie entre le marquis et le comte, le piqueur à vingt pas en arrière. M. de Menneville et Georges étaient excellents cavaliers; Lucie avait mis à profit ses leçons de chaque jour; sa tenue en selle était parfaite, et quelles que fussent les allures de *Minet*, le pas, le trot ou le galop, tout en elle était irréprochable. Après deux heures d'une promenade en forêt et dans la campagne, on regagnait le château, c'était l'heure du déjeuner. Des causeries dans le parc, des visites, des excursions aux châteaux voisins, occupaient agréablement l'après-midi. Jamais Georges n'avait eu plus d'esprit, plus de faconde, plus de gaieté; jamais la Rocatelle ne lui avait semblé un plus gracieux séjour; aussi les trois journées avaient passé pour lui comme un rêve.

— Eh bien! Georges, lui dit le marquis au dîner du troisième jour, c'est donc demain que tu nous quittes? — Mon oncle, lui répondit Georges, d'un air un peu hésitant et embarrassé, ce matin en feuilletant mon livret Chaix, j'y ai vu qu'il y a, le 18, un paquebot pour Alexandrie; ce n'est pas, il est vrai, un paquebot direct; il fait escale à Naples, à Messine et à Malte, mais ça m'est égal, si vous le permettiez, je prendrais ce paquebot-là, et je resterais trois jours encore avec vous. — Mon ami, lui dit le marquis, tu ne peux nous faire un plus grand plaisir; c'est donc chose convenue, nous te gardons jusqu'au 12, et ce jour-là, nous partons tous, toi pour t'embarquer à Marseille, et nous pour la Touraine.

Quand deux jeunes gens de sexe différent, en âge et en position d'être mariés, se trouvent ensemble, il est impossible que des idées de mariage ne surgissent pas dans leur entourage. M. et Mme de Menneville s'étaient dit bien des fois: Oh! quelle femme délicieuse Lucie serait pour Georges! jamais il ne trouvera une femme mieux élevée, plus distinguée, plus charmante, une piété plus solide, un cœur meilleur, plus aimant, un caractère aussi parfait! Elle n'a pas de fortune;

nous en avons pour elle; Georges d'ailleurs, n'est-il pas notre seul héritier, et n'est-il pas déjà assez riche par lui-même? — Mais la situation toute particulière de Lucie leur imposait la plus grande réserve; ils se seraient bien donné de garde, par un mot inconsidéré, d'éveiller dans l'âme de Lucie, une pensée qu'elle n'aurait peut-être jamais eue, d'y faire naître une espérance peut-être irréalisable; et d'autre part, ils voulaient ne pas influencer Georges, et lui laisser toute son indépendance et toute son initiative.

. Le marquis avait encore un autre motif pour ne faire, dans ses conversations avec Georges, aucune allusion à Lucie. Au commencement de juin, quelques jours avant qu'il ne quittât Paris, un de ses amis, le marquis de Ribeyre, était venu l'informer, à titre de renseignement officieux, que Georges obtiendrait facilement, s'il le voulait, la main de la vicomtesse de Malincourt, jeune fille parfaitement belle et distinguée, en possession de toute sa fortune, qui était au moins de 10 à 12 millions. Georges l'avait vue, l'hiver précédent à Paris, dans plusieurs salons, et le hasard la lui avait fait rencontrer, dans son dernier voyage en Allemagne; il avait même passé plusieurs jours avec elle, à Vienne et ensuite à Dresde; sa famille, qui l'avait fort apprécié, serait disposée à accueillir favorablement une demande; seulement, pour plusieurs raisons, on désirait que cette communication ne fût faite à Georges, qu'au retour de son voyage d'Orient, et pas avant le mois de mai. Le marquis était donc tenu, sous ce rapport, à un silence absolu; il l'avait promis, il ne pouvait manquer à sa parole; du reste, jamais Georges ne lui avait parlé ni de la jeune vicomtesse, ni de sa famille, pas plus qu'il ne lui avait fait de confidence relative à l'impression que Lucie avait produite sur lui; il devait donc nécessairement, par prudence et par devoir, ne rien dire et ne rien faire, qui pût leur donner, à l'un et à l'autre, le moindre soupçon de l'idée, que la marquise et lui, caressaient dans le secret de leurs entretiens, comme leur plus beau rêve, mais peut-être aussi, comme une vaine chimère.

Les trois dernières journées de Georges à la Rocatelle furent non moins agréables que les trois premières: promenades, excursions à cheval, en voiture; et, le soir, autour du feu, causeries, cordiale intimité, lectures intéressantes, récits, épisodes, aventures de voyages. Ces heureuses journées passèrent trop vite comme passent tous les plaisirs, toutes les joies de ce monde. Le 12 arriva, il fallut se séparer; ce fut un départ général précédé, comme dans les grandes familles russes, d'une scène touchante et patriarcale. Tous les domestiques et gens de service, étant réunis et assis dans le grand vestibule du château, la marquise y fit son entrée au bras de Georges, et Lucie au bras du marquis; tous se levèrent et s'assirent, en même temps que les maîtres s'asseyaient eux-mêmes. Le marquis leur adressa quelques affectueuses et paternelles paroles de recommandations et d'adieu. Puis on se leva, et, en se retirant, tous les serviteurs défilèrent, un à un, devant leurs maîtres, et baisèrent successivement la main du marquis, de la marquise, du comte et de Lucie, en répétant à haute voix, et à chacun d'eux, ces paroles : *Que Dieu vous garde et vous ramène !*

Monsieur, madame de Menneville, Georges et Lucie restèrent seuls quelques instants ; les deux chaises de poste étaient attelées; on entendait, au pied du grand perron, le piaffement, le hennissement des chevaux, les claquements du fouet des postillons.... le moment de la séparation était venu; Georges, visiblement troublé, embrassa le marquis et la marquise avec effusion et, s'avançant vers Lucie, il s'inclina profondément et lui dit : « Mademoiselle, oserai-je vous demander de faire pour moi, une prière, quand vous me saurez en mer? » — La pauvre enfant, trop émue pour répondre, ne put que saluer, avec cette suprême distinction qui la caractérisait.

Tout le personnel du château se tenait auprès des voitures ; quand le marquis, la marquise, Lucie et le comte descendirent le grand perron, toutes les têtes se découvrirent; les chapeaux, les bras s'agitaient en l'air; c'était une véritable ovation, un cri général, un mélange d'adieux, de bénédictions, de souhaits pour les bons maitres ; toutes les mains se tendaient vers eux..... Les deux chaises de poste partirent ensemble ; elles suivirent la grande avenue du château, au galop des chevaux, côte à côte, tout près l'une de l'autre, tellement que, de l'une à l'autre, le marquis, la marquise et Georges échangeaient des signes, des paroles d'adieu... Arrivées au bout de l'avenue, elles se séparèrent, et prirent deux directions opposées: l'une à droite, la route de Marseille, et l'autre à gauche, la route de la Touraine.

Lucie était blottie dans son coin, immobile, silencieuse, la figure dans son mouchoir. — « Vous pleurez, *ma Lucette*, lui dit la marquise en l'attirant à elle, pour l'embrasser? — Madame, je n'ai pu retenir mes larmes en quittant tous ces braves gens, qui m'ont si bien accueillie! et puis, les reverrai-je jamais? — Oui, Lucie, vous les reverrez, repartit M. de Menneville; Dieu exaucera la prière qu'ils ont faite pour vous, comme pour nous; rappelez-vous cette prière : *Que Dieu vous garde et vous ramène!...* »

Lucie ne pleurait-elle qu'à la seule pensée de *tous ces braves gens?* Ses larmes ne venaient-elles pas aussi d'une autre pensée plus intime, plus chère encore peut-être, mais qu'elle refoulait au fond de son âme, qu'elle ne s'avouait pas à elle-même, et que Dieu seul connaissait?

Après deux jours d'un voyage rapide, on arrivait à *Rosières*, domaine immense, dont le rapport était plus considérable encore que celui de la Rocatelle; son vaste territoire s'étendait à égale distance de Saumur et d'Angers. Le château s'élevait sur une colline, en vue de la Loire, au milieu d'un parc, dont les pelouses et les hautes futaies étaient baignées par le fleuve; trois fermes comprenant les terres les plus productives en dépendaient; mais sa principale richesse consistait en vignes. C'était dans ce vignoble très justement renommé, qu'on récoltait ce délicieux vin d'Anjou, dont la couleur et le bouquet rappellent les meilleurs crus de la Moselle, du Rhin et du Neckar.

Malgré tous les agréments de ce domaine princier, la saison avancée ne permettait pas d'y demeurer plus de cinq à six jours. Pendant que le marquis s'occupait d'affaires avec ses intendants, ses vignerons et ses fermiers, la marquise et Lucie, suivant les indications des curés et des médecins des villages voisins, visitaient les enfants, les pauvres, les vieillards et les malades ; elles laissaient partout les plus généreux témoignages de libéralités inépuisables ; et, avec une bonté toujours gracieuse, et qui ne se démentait jamais, elles écoutaient toutes les plaintes, compatissaient à toutes les souffrances, s'efforçaient de soulager toutes les misères.

Un vieux soldat, vétéran des guerres de l'Empire, était dans le plus triste dénuement ; pour soigner sa femme pendant une douloureuse maladie, il avait épuisé ses petites épargnes ; resté veuf, seul, presque aveugle, incapable de travailler, et sans ressource, ce vieux brave, après une longue et laborieuse carrière, en était réduit à traîner l'existence la plus misérable et la plus digne de pitié ; la marquise, touchée de compassion, l'installa dans un des communs du château, et voulut qu'il y fût confortablement traité dans la maison du garde principal.

Avant de rentrer à Paris, le marquis devait s'arrêter encore deux ou trois jours, au pays chartrain, dans une autre de ses terres. Il possédait en effet deux fermes importantes en Beauce, à quelques lieues de Chartres ; mais il avait, dans cette ville, un vieil ami d'enfance qu'il tenait surtout à voir. Auprès, et à l'ombre, de la belle cathédrale, de ses clochers fameux et de son portail latéral nord, s'ouvre une petite rue, sorte d'impasse, appelée la rue des *Trois-Degrés*, parce qu'étant en contrebas de la place, il faut descendre trois marches pour y arriver. C'est là, dans cette petite rue, et dans une maison de très simple apparence, qu'habitait, six mois de l'année pendant l'été, Paul Durand, un de ces hommes essentiellement religieux, et comme on en trouve bien peu dans la vie. Chez lui, les qualités du cœur allaient de pair avec celles de l'esprit, et son rare mérite n'avait d'égal que sa modestie. Docteur en médecine, il avait laissé de côté la pratique médicale, pour se livrer tout entier à son amour des voyages et des beaux-arts. Il avait exploré l'Italie, la Sicile, l'Égypte et remonté le Nil jusqu'à la deuxième cataracte; il avait suivi la marche des Hébreux dans le désert, gravi le Sinaï, vécu avec les derviches de l'Orient, chez les moines et dans les couvents du mont Athos, parcouru la Grèce, la Turquie, la Syrie et visité Jérusalem, Bethléem, Nazareth et tous les sanctuaires de la terre sainte. De retour en France, il s'était lié d'amitié avec Lassus et Viollet-Leduc qui avaient trouvé, en lui, un artiste consommé, un dessinateur inappréciable, pour les aider dans leurs magnifiques travaux de restauration de la Sainte-Chapelle et de Notre-Dame. Aimable causeur, agréable chanteur, caractère d'une bonhomie charmante et d'une gaieté communicative, il passait là, avec sa gracieuse compagne, femme excellente et d'une haute distinction, une partie de l'année, dans cette humble retraite, sous l'aile de sa chère cathédrale, qu'il étudiait sans cesse, dont il connaissait, et dessinait les plus petits détails, et en particulier les splendides vitraux.

— Cher ami, lui dit le marquis, nous tombons chez toi à l'improviste, nous n'avons que quelques heures à passer à Chartres. Tu vas d'abord nous conduire à ta cathédrale, que Lucie n'a jamais vue, et comme Mme Durand est absente en ce moment, ce que nous regrettons vivement, tu viendras ensuite dîner avec nous à l'hôtel. — Madame, mon ami, je suis bien heureux de vous voir, et de faire la connaissance de mademoiselle Lucie; j'ai eu de vos nouvelles par Georges, il y a une quinzaine de jours; il est venu ici, en partant pour l'Orient; quel aimable neveu vous avez là! quelle nature d'élite! quel esprit distingué! Cher ami, c'est tout ton portrait, c'est toi, il y a trente ans!.... » — Lucie se retourna brusquement, et, pour dissimuler une rougeur qu'elle sentait lui monter au visage, elle fit semblant de regarder un tableau...

On se rendit à la cathédrale; ses vastes nefs n'étaient éclairées que d'un demi-jour, la lumière n'y pénétrait qu'enrichie et nuancée de toutes les couleurs des admirables verrières du treizième siècle, à travers lesquelles, elle s'était tamisée, et comme purifiée, avant de pénétrer dans l'enceinte sacrée. C'était une obscurité lumineuse, empourprée des teintes les plus chaudes, diaprée de reflets d'or et d'azur. C'était une atmosphère nouvelle, tout autre que l'atmosphère du dehors, calme, religieuse, et faite pour le recueillement et la prière. Lucie ne put retenir une exclamation d'enthousiasme. — « Oh ! que c'est beau ! » dit-elle. Elle s'agenouilla quelques instants, et en se relevant elle dit à Durand : — « Oh ! Monsieur, quelle magnifique église ! comme tout y est imposant et vraiment divin ! quels splendides vitraux ! quelles merveilleuses rosaces aux deux extrémités de la nef transversale ! et toutes ces sculptures du pourtour du chœur, comme elles sont délicates, élégantes et artistement travaillées ! faisons encore une prière devant la Vierge noire, faisons-lui brûler des cierges, afin qu'elle nous protège ! » Et la pieuse enfant donnait une pièce de monnaie à la vieille *brûleuse*, qui s'empressait d'allumer une douzaine de petits cierges autour de la Vierge noire, pendant que les quatre visiteurs s'étaient mis à genoux. Par une heureuse et fortuite coïncidence, il y avait, en ce moment, un exercice sur le grand orgue; les voix, tour à tour éclatantes, graves, joyeuses et plaintives du puissant instrument vibraient dans la grande nef, et de là, se répandaient en effluves harmonieuses dans toutes les parties de l'église, qu'elles inondaient d'une mélodie pieuse, grandiose et toute céleste. — En sortant de la cathédrale Lucie dit encore à M. Durand : — « Oh ! Monsieur, que cette église est magnifique ! elle m'a vivement impressionnée ! et que ces deux clochers sont beaux et imposants, le clocher neuf surtout ! comme il s'élance hardiment dans les airs, avec une gracieuse et incomparable majesté ! — Je suis heureux, Mademoiselle, lui répondit Durand, de voir que vous appréciez si bien, ces admirables œuvres du génie et de la foi de nos pères, et je vous estime bien heureuse vous-même, d'en avoir le goût et l'intelligence, alors que tant de jeunes personnes de votre âge n'y font aucune attention, ne les comprennent pas, n'aiment et ne recherchent que les futilités mondaines. Allons encore, si vous le voulez, à Saint-Pierre; c'est une église située dans le bas de la ville, auprès de la caserne des dragons; vous y trouverez de très remarquables émaux, disposés tout autour de la chapelle absidiale. » — On se mit en route, et par de petites rues tortueuses, et à pentes raides, on arriva, en passant devant la caserne des dragons, sur la place et à l'église de Saint-Pierre. Quand les émaux eurent été examinés et admirés comme ils le méritaient :

— « Maintenant, dit le marquis, gagnons notre hôtel, il est temps de dîner. »

Le dîner, bien recommandé d'avance, fut excellent; le pâté de perdreaux de Chartres justement renommé, y figurait avec honneur; on causait, on riait avec la cordiale expansion, et le sans-gène d'une amitié vive et sincère, qui ne s'était jamais démentie, et dont l'origine, pour le marquis et Paul Durand, remontait, sans avoir jamais subi ni éclipse ni défaillance, à plus de soixante ans. La marquise, toujours gracieuse, avait tout son entrain, toute son amabilité, et Lucie, qui, les jours précédents, s'était sentie un peu triste, avait retrouvé tout le charme de sa gaieté habituelle. Au dessert, Durand, de sa voix toujours fraîche, chanta les premiers couplets de ce même cantique qu'il avait chanté, plus de trente ans auparavant, en Égypte, seul au milieu de la nuit, dans le désert, au pied de la grande pyramide de Chéops, que Georges allait voir à son tour :

> Tout n'est que vanité,
> Mensonge et fragilité,
> . . . .

et avant de quitter la table, on lui demanda encore cette hymne des complies, d'une poésie si élevée et d'une piété si ardente, qu'il chantait quelquefois, et avec tant d'âme, le soir, à Paris, chez un autre de ses bons amis, l'excellent et spirituel docteur Félix Andry, dont la petite et hospitalière maison, rue d'Enfer, n° 27, était voisine de l'hôtel de Menneville :

> Grates peracto jam die,
> Deus, tibi persolvimus,
> . . . .

Au sortir de la salle à manger, Durand prit le bras du marquis, l'emmena dans la cour, et, tandis qu'on attelait les chevaux, il lui dit : — « Mon ami, Mlle Lucie est une ravissante personne ; oh ! quelle belle action tu as faite, en l'adoptant ainsi ! Mais il t'en reste une autre à faire, non moins belle, et qui serait le digne couronnement de la première, me permets-tu de te l'indiquer ? — Oui, certes, parle en toute liberté. — Eh bien ! tu devrais la marier avec ton neveu ! elle est faite pour Georges, et Georges est fait pour elle ; ils pourraient être fiers l'un de l'autre ! —

Cher ami, la marquise et moi, nous avons la même pensée; c'est là notre rêve, notre plus grand désir. Lucie est une créature angélique ; mais sa situation, tu le sais, est toute particulière. De son côté, Georges est très recherché, nous craignons qu'il ait d'autres vues, et je sais qu'on attend son retour, pour lui faire une proposition des plus brillantes ; je tiens donc à ce qu'il conserve toute son indépendance ; je veux même qu'il ne puisse pas soupçonner notre désir, car je le connais assez pour croire qu'il en serait influencé. Taisons-nous donc, silence, et confions-nous en la Providence. »

Le moment du départ était arrivé. Durand embrassa la marquise et le marquis, en leur disant : « Au revoir ! à Paris ! et à bientôt ! » Il saluait respectueusement Lucie, quand Mme de Menneville lui dit : — « Mais embrassez donc cette chère enfant ». — Et le vieil ami embrassa sur les deux joues la charmante jeune fille, qu'il ne connaissait que depuis quelques heures seulement, et pour laquelle cependant il avait déjà fait un rêve d'avenir !

Comme les années précédentes, on rentrait à Paris, deux ou trois jours avant la Toussaint. Lucie reprit son même appartement ; sa première visite fut pour sœur Thérèse, qu'elle pria de la conduire au cimetière. Le jour des Morts, elle passa toute la matinée sur la tombe de sa mère. Le temps, les voyages, les distractions, les agréments si variés de la position qui lui avait été faite, rien n'avait pu guérir la plaie filiale, toujours saignante dans son cœur. Cependant, d'après les conseils de sœur Thérèse, elle s'efforçait de paraître toujours gaie, ne fût-ce que pour ne pas attrister M. et Mme de Menneville, ne fût-ce aussi que pour répondre aux attentions, aux prévenances, si délicates et si affectueuses, dont ils ne cessaient de l'entourer.

Un jour, sœur Thérèse, sur un ton moitié sérieux, moitié plaisant, dit à la marquise en présence de Lucie : — « Madame, je crois remplir un devoir en vous déclarant que Mlle Lucie vous cache quelque chose. » (Lucie, très étonnée, ouvrit de grands yeux.) Sœur Thérèse continua : — « Oui, Madame, Mlle Lucie vous cache qu'elle est bonne musicienne, qu'elle a une voix très belle. Voici comment je le sais, car elle ne me l'a jamais dit non plus; il y a deux mois environ, je visitais une famille qui habite le n° 310 de la rue Saint-Jacques. — Ma sœur, me dit-on, la maison a perdu son charme; le rossignol s'est envolé, et c'est vous qui l'avez fait partir!... Alors on me raconte qu'une demoiselle, au cinquième étage, chantait de délicieuses romances, et que, pour la mieux entendre, on ouvrait portes et fenêtres; c'était fête dans toute la maison. — Et cette demoiselle... Lucie, c'était vous! — vilaine, lui dit la marquise, pourquoi m'avoir laissé ignorer que vous êtes musicienne, moi qui aime tant la musique? c'est très mal. — Madame, quand ma mère était bien portante, je chantais en travaillant, pour la distraire; nous étions si tristes dans notre petite chambre, toutes seules! Quand elle est devenue malade, je n'ai plus chanté, et après sa mort, je me suis dit que je ne chanterais plus jamais. — Allons, chère petite, je veux vous entendre, mettez-vous au piano. — Madame, c'est impossible, j'ai tout oublié. — Chère enfant, ne vous faites pas prier, sœur Thérèse et moi, nous vous le demandons. » — Lucie se recueillit quelques instants et chanta, en s'accompagnant elle-même, le Noël d'Adam. Sa voix, d'une pureté, d'une suavité exquises, avait une ampleur, une étendue qu'on ne lui aurait jamais soupçonnées; sœur Thérèse et Mme de Menneville en étaient stupéfaites : tout à coup le marquis apparut!... une voix enchanteresse, inconnue, l'avait arraché à son cabinet, et il accourait tout ébahi, au charme mystérieux de ces accents d'un nouvel Orphée ! — « Cette enfant a décidément toutes les perfections, » dit-il tout bas et en essuyant une larme, à Mme de Menneville ; et, s'adressant à Lucie : — « Ma chère Lucie, vous vous révélez à nous sous un jour tout nouveau; il faut que ce soir vous fassiez la même surprise, et le même plaisir à notre bon curé, M. Martin de Noirlieu, à l'abbé Vidaling, et à notre ami Durand, revenu à Paris depuis hier. » — Après le dîner, en effet, Lucie chanta le Noël, en vraie musicienne, et avec un profond sentiment religieux; des applaudissements unanimes retentirent; Durand dit à l'oreille du marquis : — « Oh! si Georges l'entendait ! » Les deux prêtres étaient émus. — « Madame la marquise, si vous le permettiez, dit M. le curé, Mlle Lucie chanterait ce Noël, à l'offertoire de notre messe de minuit : ces paroles si touchantes et d'un caractère si religieux, les modulations, les élans de cette magnifique voix traduisent admirablement les sentiments d'allégresse, de reconnaissance, d'adoration et d'amour, que doit inspirer la naissance du Sauveur; nos paroissiens en seraient édifiés. — D'après ce désir du pasteur, au milieu de la belle nuit de Noël :

O nox, vel medio splendidior die,

. . . .

Lucie, accompagnée par le grand orgue de Saint-Jacques du Haut-Pas, fit entendre, à la nombreuse assemblée des fidèles ce chant sublime du mystère de l'Incarnation. Avant de partir pour l'église, elle avait dit au marquis, avec une émotion qui débordait de son cœur et que traduisaient ses larmes : — « Monsieur le marquis, il y a un an, jour pour jour, et presque à cette même heure, que pour la première fois, vous êtes venu à nous, comme une Providence, dans notre pauvre petite mansarde! vous avez consolé les derniers jours de ma mère, et vous n'avez cessé, vous et Mme la marquise, de me combler de vos bienfaits! » — Ainsi cette charmante enfant, fidèle à la mémoire de la plus chère de ses affections, comme aux lois si sacrées de la reconnaissance, conservait pieusement tous ces précieux souvenirs, et ne laissait échapper aucune occasion de manifester les nobles sentiments qui l'animaient.

A la fin de janvier, Mme de Menneville fut obligée de garder la chambre; Lucie lui prodigua ses soins les plus intelligents et les plus affectueux; c'était la fille la plus prévenante et la plus tendre, auprès de la mère la plus aimée. En même temps, elle faisait les honneurs de l'hôtel ; elle recevait les visites; introduisait les unes auprès de la marquise, retenait les autres, dans le petit, ou dans le grand salon. Assise en face du marquis, elle présidait la table, avec une grâce, une aisance qu'on ne pouvait s'empêcher d'admirer. Sans jamais sortir de la réserve commandée par son âge, elle s'occupait des convives, avait une attention, un mot aimable pour chacun; au salon, elle ne se mêlait à la conversation qu'avec discrétion; elle chantait sans se faire prier, mais jamais en s'imposant, et jamais sans qu'on le lui demandât. Quand la marquise était là, elle s'effaçait avec un tact parfait, tout en se multipliant, afin de la seconder en toutes choses, autant qu'il était en elle. Deux ou trois fois par semaine, elle prenait des leçons de chant et de piano, des maîtres les plus en renom, qui appréciaient ses aptitudes musicales et applaudissaient à ses progrès. Dans le monde, toujours à côté de la marquise, elle se faisait remarquer, moins par sa beauté, que par sa modestie et la distinction de ses manières. A l'église, assidue à tous les offices, elle était un modèle de piété ; et le soir, préférablement à des causeries banales, le marquis et la marquise aimaient à s'entretenir, avec elle, de choses sérieuses, des prônes, des sermons qu'ils avaient entendus, des lectures littéraires, historiques, artistiques qu'ils avaient faites dans la journée.

On était à la fin de mars; depuis le départ de Georges, trois de ses lettres avaient été reçues à l'hôtel ; la première était toute remplie du récit d'affreuses tempêtes qui avaient assailli le paquebot, dans la Méditerranée, et l'avaient forcé, pour réparer ses avaries, de rester plusieurs jours dans le port de Naples. Georges avait profité de cette relâche, pour rajeunir d'anciennes impressions, faire, de nouveau, l'ascension du Vésuve, revoir Pompéi, Sorrente, le musée Borbonico, la Chartreuse de San Martino, le Pausilippe, Baïa. A peine avait-il repris la mer, qu'une seconde tempête l'avait rejeté jusqu'à Palerme, où il avait dû attendre pendant vingt-quatre heures, la fin du coup de vent, ce qui lui avait permis de revoir la cathédrale de Sainte-Rosalie, l'église, le cloître de Mont-Réal, et le splendide panorama de la *Concha d'Oro*. Au sortir de Messine, le gros temps avait recommencé, et peu s'en était fallu qu'il ne fût brisé sur les rochers de Taormina, sur les laves de Catane, et, plus loin, contre les défenses de Girgenti. Dans toutes ces péripéties, la pensée que Mlle Lucie lui avait promis de prier pour lui avait soutenu son courage. Enfin il était arrivé à Alexandrie !...

Dans sa seconde lettre, il décrivait l'Égypte, son beau ciel toujours bleu, l'aspect du désert, les costumes orientaux, les caravanes de chameaux, les plantations de palmiers, sur les bords du Nil, le Caire, les mosquées, les pyramides !

La troisième lettre était consacrée à la Terre Sainte, à Jérusalem, au Calvaire, au torrent de Cédron, à Bethléem, à Nazareth, au lac de Tibériade, au Thabor, au Jourdain, à Béthanie, et à tous les lieux sanctifiés par la présence du Sauveur. Il allait revenir, disait-il, par Smyrne, Éphèse, Constantinople, et il ne serait de retour à Paris, que dans le courant d'avril. Le nom de Lucie n'était prononcé ni dans l'une, ni dans l'autre de ces deux dernières lettres.

On n'espérait donc le revoir qu'après une quinzaine de jours, au plus tôt, lorsqu'un soir, à la fin du dîner, la porte de la salle à manger s'ouvrit, et un domestique annonça : « M. le comte de Liadières ! ! ! » — Ce fut la plus grande de toutes les surprises.... Georges se précipita dans les bras du marquis et de la marquise, et les tint longtemps embrassés; puis il salua Lucie, avec la plus aimable courtoisie, en lui disant : — « Mademoiselle, je n'ai point oublié le plaisir que j'ai eu de vous voir à la Rocatelle, et je suis heureux de vous retrouver ici. » — Il apportait de beaux et nombreux souvenirs de voyage : A son oncle, de magnifiques albums de Terre Sainte, d'Égypte, de Constantinople; à sa tante, des soieries, des mousselines de Brousse, de précieuses étoffes tissées d'or, de riches tapis de Smyrne et de Turquie; et à Lucie, une croix faite avec le bois d'un olivier du jardin des Oliviers, et tout incrustée de perles fines et de turquoises.

Georges habitait son hôtel de la rue Saint-Dominique-Saint-Germain, élégante demeure patrimoniale, dont les murs étaient rehaussés de statues, de vases antiques, d'armures étrangères, d'objets d'art, de collections de toute espèce, provenant de ses voyages. Plusieurs dîners furent donnés en son honneur, à l'hôtel de Menneville. Dans ces réceptions d'apparat, la toilette de Lucie était toujours d'une belle simplicité, sans prétention, mais du goût le plus distingué. La soirée ne se passait pas sans qu'elle fût priée de chanter; elle s'exécutait toujours de la meilleure grâce, et ne manquait jamais d'être saluée par de chaleureux et sympathiques applaudissements.

Le marquis de Ribeyre, l'un des invités, dit à Georges, de manière à être entendu par le marquis de Menneville : — « Avouez, mon cher comte, que depuis votre retour à Paris vous êtes un enfant bien gâté ; aujourd'hui vous êtes sous le charme d'une délicieuse voix de mezzo-soprano ; hier vous applaudissiez, avec le même enthousiasme le magnifique contralto de la vicomtesse de Malincourt. Avec quel sentiment et quelle passion, elle a chanté : *Il va venir*, de la *Juive,* et ensuite le grand air de la *Favorite!* Nous étions tous émus, émerveillés... comme nous le sommes ce soir, » ajouta-t-il, en s'apercevant que Lucie l'écoutait.

Georges, nous l'avons déjà dit, était, autant que possible, un être accompli : principes religieux, conduite exemplaire, intelligence remarquable, esprit cultivé, habitudes rangées, laborieuses, agréments physiques, noble et belle figure, haute distinction, caractère franc, ouvert, enjoué, homme de race; jeunesse, grande fortune, il réunissait tous ces avantages; aussi était-il très couru, très recherché; c'est à peine s'il pouvait répondre à toutes les invitations qui lui étaient adressées. Cependant il ne manquait jamais, plusieurs fois par semaine, de faire quelques apparitions à l'hôtel de Menneville. Tantôt il y venait le matin, et après une partie, de billard avec son oncle, il restait pour le déjeuner. Tantôt c'était le soir ; on entendait alors son coupé rouler sous la voûte et dans la cour de l'hôtel, et tout en se rendant à quelque soirée, il aimait à s'attarder dans le petit salon de la marquise. Quelquefois il y rencontrait Paul Durand, et le marquis de Ribeyre, et alors la conversation se prolongeait, et prenait des allures joyeuses, vives, étincelantes, à tous les souvenirs de l'Italie, de la Sicile, de l'Orient, de l'île de Sardaigne, où le marquis de Ribeyre avait ses propriétés.

Jamais l'hôtel de Menneville n'avait été plus animé, plus gai que depuis le retour de Georges; les petites et les grandes réceptions s'y succédaient de jour en jour; c'était un continuel va-et-vient d'amis, de visiteurs, d'invités. Et cependant Lucie était devenue triste : un changement visible, inexplicable, s'était opéré en elle. Toujours bonne, aimable et gracieuse, elle n'était cependant plus la même; elle n'avait plus ni son enjouement ni son entrain habituels; elle se mettait à table sans appétit, et passait une partie des nuits sans sommeil. Sa figure, d'ordinaire si rose, si fraîche et si riante, était pâle et fatiguée; un malaise inconnu pesait sur cette nature délicate et charmante, assombrissait cette âme, jusque-là toujours ouverte et toujours épanouie. On la voyait taciturne, d'humeur inégale, rêveuse, embarrassée, et souvent on surprenait des larmes dans ses yeux. Le marquis et la marquise s'en préoccupaient; le docteur Dagremont n'y voyait qu'une névrose générale, qu'un de ces états nerveux, mal définis, fréquents au printemps, et portant sur l'ensemble de tout l'organisme.

Lucie, tourmentée d'angoisses intérieures, dont, elle-même, ne pouvait se rendre un compte bien exact, et pressée du besoin irrésistible de s'épancher dans le cœur d'une amie, d'une confidente, s'en alla trouver sœur Thérèse : — « Ma sœur, lui dit-elle, je viens vous dire à vous, à vous seule, ce que je n'ose dire à personne, pas même à Mme de Menneville, si bonne pour moi. Je suis bien malheureuse, ma conscience ne me reproche rien, et cependant j'ai perdu la paix de mon âme. Les six jours que le comte de Liadières a passés à la Rocatelle, au mois d'octobre, m'avaient profondément troublée ; je me sentais, pour lui, un attrait, contre lequel je m'efforçais en vain de lutter. Sa vue, son regard, son esprit, sa conversation me causaient une impression indéfinissable ; son départ fut un chagrin, que je concentrai en moi-même. J'aimais à être seule pour penser à lui ; je le voyais sur mer, dans le désert, au milieu de tous les dangers ; j'appelais à moi la pensée de ma mère, afin qu'elle éloignât la sienne ; mais plus je pensais à ma mère, et plus je le voyais lui, et plus il me semblait que ma mère me souriait, me bénissait et le bénissait aussi lui-même. Depuis un mois qu'il est de retour à Paris, je le vois presque tous les jours, et sa vue me bouleverse, elle est à la fois pour moi un bonheur et un supplice ; j'entendais, l'autre soir, le marquis de Ribeyre parler avec admiration de la vicomtesse de Malincourt, que l'on dit très riche, très belle et très bonne musicienne ; il va souvent dans sa famille, peut-être doit-il l'épouser? Cette idée me tue!... Ma sœur, je ne puis plus vivre ainsi; il faut que je quitte l'hôtel; je sens qu'une pauvre fille comme moi, est déplacée au milieu de toute cette opulence; aidez-moi, ma bonne sœur, prenez-moi en pitié, prenez-moi avec vous, dans votre couvent; je ne veux plus le voir, je prierai tant que je finirai par l'oublier!... » — Et la pauvre enfant pleurait à chaudes larmes, en dévoilant ainsi le secret qu'elle avait jusque-là tenu caché dans le plus intime de son âme. — Ma chère petite, lui dit sœur Thérèse, de sa parole la plus douce et la plus affectueuse, écoutez-moi à votre tour : Dieu vous éprouve en ce moment par la tentation, vous vous êtes abandonnée à un penchant tout naturel, tout innocent en lui-même, je le veux bien, mais cependant bien dangereux : sans doute le comte de Liadières est un homme honorable, incapable d'une mauvaise action; vous êtes, vous, pure comme un ange, et pourtant, voyez où vous en êtes! voyez combien vous êtes faible! La vue d'un homme vous trouble; assurément cet homme est doué des plus excellentes qualités; mais faut-il, pour cela, que votre cœur se donne à lui, sans que vous sachiez s'il veut, lui, se donner à vous? Vous supposez qu'un mariage se prépare pour lui, dans un monde qui est le sien, et vous voilà au désespoir! et, tout de suite, vous voulez quitter M. et Mme de Menneville, vos bienfaiteurs! Chère enfant, réfléchissez donc; que peut-il y avoir de commun entre vous et M. le comte de Liadières, l'un des hommes les plus riches et les plus nobles du faubourg Saint-Germain? Et quel droit avez-vous d'être bouleversée de son mariage, probable, et peut-être prochain avec la vicomtesse de Malincourt? Sans doute vous êtes sincèrement pieuse, mais croyez-moi, vous n'avez pas la vocation religieuse; un chagrin d'amour n'est pas la bonne, la vraie porte du couvent; il ne faut pas qu'on aille à Dieu, parce qu'on se voit déçue dans ses espérances mondaines. Restez donc dans votre situation actuelle, mais veillez sur vous, et que vos prières soient plus ferventes; évitez d'être seule avec le comte, ne le recherchez pas; faites qu'il ne s'aperçoive jamais, et que personne ne s'aperçoive du sentiment qu'il vous a inspiré, et demandez à Dieu qu'il vous donne la force de surmonter ce sentiment, et qu'il vous en guérisse. Ayez confiance dans la Providence, il ne me semble pas possible qu'elle vous abandonne, après avoir tant fait pour vous!... »

— Quelques jours après cet entretien, le marquis de Ribeyre vint à l'hôtel, et dit à M. de Menneville : — « Vous rappelez-vous, mon cher marquis, ce que je vous ai dit, il y a un an environ, des dispositions de la famille de Malincourt relativement à votre neveu? Vous m'avez promis que vous les lui feriez connaître au mois de mai; nous y sommes, et le moment est propice : le comte et la vicomtesse se sont vus plusieurs fois, et je crois pouvoir vous assurer que Georges a toutes les sympathies, et qu'il sera bien accueilli. Il est homme d'esprit, et d'un naturel parfait; on sait quelle est sa fortune, et quelles sont ses habitudes; quant à lui, je me figure qu'il n'est pas resté indifférent pour la vicomtesse, chez laquelle tant de talents et de brillantes qualités sont réunis à tant de beauté! Tout va donc pour le mieux. — Oui, je me souviens, dit M. de Menneville, qu'en effet je vous ai promis de vous aider pour ce mariage; je vous ai donné ma parole, je la tiendrai loyalement; mais, marquis, je vous avoue qu'il m'en coûte, et que si jamais parole donnée est dure et difficile à tenir, c'est bien celle-là. Sachez que pour être fidèle à cette promesse que je vous ai faite, à une époque où les circonstances n'étaient pas ce qu'elles sont aujourd'hui, il me faut faire le sacrifice de tout autres idées, de tout autres vues, bien chères à nos cœurs, et dans lesquelles, madame de Menneville et moi, nous nous complaisions pour l'avenir de Georges. Je ne sais rien ni de ses sentiments ni de ses projets ; jamais je ne lui ai laissé soupçonner nos intentions et nos désirs, j'ai voulu qu'il gardât toute son indépendance, qu'il ne subît aucune influence dans une question si délicate. Je vais donc, quelque pénible qu'elle soit pour moi, remplir, auprès de lui, la mission que j'ai acceptée. » — Le jour même, le marquis de Menneville faisait porter à l'hôtel de Georges une lettre ainsi conçue :

« Mon cher neveu,

« J'ai à causer avec toi ; viens demain matin, à 9 heures, dans mon cabinet..... »

Le lendemain matin, en effet, Georges était au rendez-vous indiqué. M. et madame de Menneville l'y attendaient; Georges fut tout d'abord frappé de l'air sombre et préoccupé du marquis. — « Mon oncle, qu'avez-vous, lui dit-il? êtes-vous souffrant? y a-t-il quelque mauvaise nouvelle? — Non, mais j'ai à te parler d'une affaire importante : veux-tu te marier? — Oui, mon oncle. — Eh bien! je suis autorisé à te dire que tu serais favorablement accueilli, si tu demandais la main de la jeune vicomtesse de Malincourt : tu la connais, elle est de grande naissance, très belle, fort instruite; sa fortune, dont elle est maitresse, est de dix à douze millions. — Mon oncle, le parti que vous me proposez est séduisant à plusieurs égards, j'en conviens, mais il ne me plaît pas : la vicomtesse est trop mondaine; elle ne vit que pour le monde; elle aime, avant tout, l'atmosphère des salons, où elle trône par sa beauté et par son talent, où elle s'enivre des applaudissements que lui vaut sa magnifique voix. Mais ce n'est pas la femme que j'ai rêvée, elle ne saurait fixer mon choix. Tenez, mon oncle, je vais vous ouvrir mon cœur : j'aime une autre femme, plus belle encore, car sa beauté, à celle-là, est la beauté d'un ange; la pureté, la candeur angélique de son âme se reflètent, avec un charme inexprimable, sur sa ravissante figure. La première fois que je la vis, j'éprouvai un trouble intérieur que je n'avais jamais ressenti; c'était la jeune fille idéale, telle que je me l'étais imaginée dans mes rêves les plus poétiques et les plus dorés. — Et c'est cette jeune fille que tu voudrais épouser? — Oui, mon oncle. — Mais quelle est-elle? firent ensemble, d'un air anxieux, et d'une voix émue et presque tremblante, M. et madame de Menneville? — Vous me demandez qui elle est !... Vous ne le devinez pas? Mais c'est celle que vous aimez, comme si elle était votre fille! — Lucie? — Oui, Lucie! et comment ne l'aimerais-je pas, après les six jours passés à la Rocatelle, après nos promenades, nos courses à cheval? après ces soirées intimes du coin du feu, où je la voyais si gracieuse, si réservée, et vous entourant de toutes les prévenances, de toutes les délicatesses de sa filiale affection? Comment ne l'aimerais-je pas, quand je la retrouve, à Paris, si modeste et si distinguée, si exempte de coquetterie et de prétention, si différente de la plupart des jeunes filles du monde? Comment ne l'aimerais-je pas, quand je vous vois, vous-mêmes, l'aimer d'une tendresse toute paternelle et toute maternelle? — Georges, nous comprenons que Lucie ait produit sur toi cette impression, mais penserais-tu vraiment à en faire ta femme? Si tu l'épousais, tu entendrais dire, autour de toi, que tu t'es marié en dehors de notre monde, avec la fille d'un magistrat, sans armoirie, sans blason, sans titre de noblesse, sans fortune. — Mon oncle, tous les gens intelligents qui connaitront Lucie me féliciteront de lui donner mon nom. Quant à la noblesse, il y en a deux : la noblesse du sang et la noblesse du cœur; la noblesse du sang, je la respecte comme elle mérite d'être respectée. Si Lucie ne lui appartient pas, du moins elle est digne de lui être associée; la noblesse du cœur, elle la possède celle-là, et à coup sûr. Y a-t-il de plus nobles sentiments que les siens? une piété plus solide et mieux entendue? un attachement plus touchant à la mémoire de son passé? une reconnaissance plus vive et plus constante pour les bienfaits reçus? Ne consentiriez-vous donc pas à ce mariage, sur lequel je compte pour le bonheur de ma vie? — Oui, certes, nous y consentons, s'écrièrent à la fois, en lui sautant au cou, M. et madame de Menneville; et si, tout de suite, nous ne t'avons pas embrassé comme nous t'embrassons en ce moment, c'est que nous voulions savoir si ta volonté était bien sérieuse et ta détermination bien arrêtée. Georges, il y a bien longtemps que nous souhaitons de te voir uni à Lucie, c'était notre vœu le plus cher, c'était le plus ardent de nos désirs; elle est si charmante! Chaque jour elle nous révèle de nouvelles perfections! Et toi, tu es si bon! tu sauras si bien la comprendre, comme elle saura si bien t'aimer! — Oh! que je suis heureux, dit Georges ému, attendri, et les yeux en larmes, de vous entendre me parler ainsi, et de savoir que cette inclination de mon cœur est approuvée et bénie par vous! Mais quels sont pour moi les sentiments de Lucie? les connaissez-vous? — Non, ne connaissant pas les tiens pour elle, nous avons toujours évité de lui parler de toi, de fixer son attention sur toi; elle est en ce moment à la messe, accompagnée de sa femme de chambre; elle a dû aller ensuite chez sœur Thérèse; dans la journée, ou ce soir, nous trouverons l'occasion de savoir sa pensée; reviens à cette heure-ci, demain, nous te la dirons. »

Au bas du grand escalier, Georges rencontra Lucie qui rentrait à l'hôtel; il la salua profondément, en balbutiant quelques paroles, et disparut rapidement. — « Mademoiselle a-t-elle vu, dit la femme de chambre, comme M. le comte avait l'air troublé? Ses yeux étaient tout rouges comme s'il avait pleuré?» — Lucie ne répondit pas; elle avait tout remarqué, et, pour cacher son trouble à elle-même, elle se hâta de gagner sa chambre; elle se jeta à genoux, au pied de son crucifix et de sa petite Vierge pour prier, suivant la recommandation de sœur Thérèse; mais aucune prière ne lui fut possible; elle ne pouvait avoir qu'une seule pensée, celle de Georges. — Quelle pouvait être la cause de son agitation, de son émotion? Venait-il annoncer son mariage avec la vicomtesse de Malincourt? Allait-il partir pour quelque autre voyage? et ses larmes étaient-elles des larmes d'adieu? Mais pourquoi ne lui avait-il rien dit, comme à son départ pour la Terre sainte? — Il y avait là quelque chose d'extraordinaire, de mystérieux, dont elle ne pouvait se rendre compte; son pauvre cœur était à la torture. La cloche du déjeuner sonna; il fallut descendre, paraître calme, avoir l'air naturel. Quatre ou cinq personnes étrangères étaient dans la salle à manger. Elle alla droit à madame de Menneville, qui l'embrassa, avec une expansion visiblement affectée, puis à M. de Menneville, qui lui serra les mains, avec plus de tendresse encore que d'habitude. — Quel pouvait être le motif de cette démonstration affectueuse, dont elle eut le sentiment, mais dont la raison ne lui était pas donnée? — Toute explication était impossible en présence d'étrangers.

Ce ne fut que le lendemain, après la prière du matin, que M. et madame de Menneville purent se trouver seuls avec Lucie. « Chère enfant, lui dit le marquis, nous avons à vous parler très sérieusement de votre avenir, sur lequel, il y a quelques mois, étant encore à la Rocatelle, vous nous avez manifesté des inquiétudes. Votre avenir, croyez-le bien, nous préoccupe beaucoup, car nous avons, pour vous, une affection bien vive et bien profonde. Vous nous demandiez de vous trouver une position... Eh bien ! nous croyons vous en avoir trouvé une. » — Lucie écoutait tout émue, les yeux fixes, grands ouverts, les lèvres immobiles. « — Laquelle ? dit-elle. — Mon enfant, reprit le marquis, nous avons pensé, madame de Menneville et moi, que la position la plus convenable pour vous serait un mariage. » — Lucie pâlit, baissa la tête, devint toute tremblante, et resta atterrée, la figure dans ses deux mains. « — Oui, un mariage ! qu'en dites-vous ? voudriez-vous vous marier ? » — La pauvre enfant était glacée sur son fauteuil, incapable d'articuler une parole. « — Voyons, *ma Lucette*, lui dit à son tour la marquise, en lui prenant les mains, ma *chère petite Lucette*, répondez-moi, voudriez-vous vous marier ? — Avec qui ? lui dit Lucie à demi-voix, les yeux baissés et en tremblant de tous ses membres. — Soyez bien confiante avec nous, mon enfant, et dites-moi si, parmi les personnes que vous connaissez, il y en a une pour laquelle vous auriez un sentiment affectueux, et que vous aimeriez épouser ? — Oh ! Madame, que me demandez-vous ? comment vous répondre ? — Parlez sans crainte, ma Lucie; tenez, que pensez-vous de Georges? — De Georges! s'écria Lucie, comme si elle venait d'être frappée au cœur, et elle tomba à genoux, les mains jointes, en pleurant à sanglots. » —Le vieux marquis sentait de grosses larmes couler tout le long de ses joues. — « Lucie, continua la marquise, voudriez-vous bien épouser Georges? — Oh! Madame, ayez pitié de moi, vous me tuez! Vous me demandez si je voudrais l'épouser! pardonnez-moi, j'ai tout à l'heure prononcé son nom sans le vouloir! mais c'est vous qui ne voudriez pas! — Vous vous trompez, Lucie, dirent en même temps M. et madame de Menneville en la relevant, en mêlant leurs larmes aux siennes, en la pressant sur leur cœur, en lui donnant les noms les plus doux, et les baisers les plus tendres, vous vous trompez, notre plus grand bonheur et toute la joie de nos vieux jours ce serait de vous voir épouser notre Georges! mais l'aimez-vous? — Si je l'aime!!!... demandez à sœur Thérèse; elle le sait; elle sait tout: elle sait que je voulais vous quitter, pour ne plus le voir jamais, pour l'oublier, ou le pleurer toute ma vie! si je suis encore ici, c'est parce que sœur Thérèse l'a voulu; sans elle, je serais partie pour le fuir, sa vue me rendait trop malheureuse! — Lucie, vous êtes un ange! Il y a longtemps que tous nos désirs, que tous nos vœux étaient que vous fussiez notre nièce! — Mais, lui!... dit Lucie, le voudrait-il? » — A ce moment, on entendit frapper..... Le marquis courut vers la porte, afin que personne ne pût être témoin de cette scène d'épanchements et de larmes. « — Qui est là? dit-il. — Un domestique répondit : M. le comte de Liadières et M. Durand sont au petit salon. — Priez ces messieurs d'entrer. — Et la porte s'ouvrit..... — Georges, dit le marquis, viens dire à Lucie, toi-même, si tu l'aimes! » — Au nom de Georges, à son apparition inattendue, dans un pareil moment, Lucie poussa un cri, et s'affaissa dans son fauteuil, pâle, les yeux fermés, sans respiration, sans connaissance et sans mouvement; tant d'émotions si fortes, si poignantes, l'avaient brisée!... — La marquise s'empressa de lui prodiguer mille petits soins, qui la firent revenir bientôt à elle. Alors, Georges s'approcha, et, lui prenant la main, il lui dit: « — Mademoiselle, puisque la permission m'en est donnée, j'oserai vous dire que, sans vous, ma vie ne saurait être heureuse. — Monsieur le Comte, lui répondit Lucie, je n'avais jamais espéré entendre de votre bouche de telles paroles; si je les répétais en vous les adressant à vous-même, elles seraient la fidèle expression des sentiments que vous m'avez inspirés. » — Georges, ne se possédant plus, la saisit dans ses bras, et la pressant sur sa poitrine, il resta quelques instants, la figure délicieusement appuyée sur le front de la charmante enfant, qui se donnait à lui, comme il se donnait à elle. Chastes et suaves embrassements de deux cœurs qui ne devaient plus battre que l'un pour l'autre! Douce et virginale ivresse de deux âmes ouvertes, épanouies aux premières atteintes, aux premières brises de l'amour, comme deux tendres fleurs, aux premiers rayons, aux premiers souffles du printemps. — Le bon Durand toujours artiste, disait : « — Voilà un groupe digne du ciseau de Pradier ! Et il ajoutait, dans sa joie, tout attendri, et en essuyant ses yeux : — Marquis, je te l'avais bien dit, à Chartres, *qu'ils étaient faits l'un pour l'autre !* — Georges, dit à son tour M. de Menneville, parlons maintenant d'AFFAIRES. En homme désintéressé, tu ne m'as pas même demandé quelle est la fortune de Lucie : je dois cependant te la faire connaître. La marquise et moi, nous lui constituons en dot, et par contrat de mariage, notre domaine de la Rocatelle tout entier : château, parc, fermes, forêts et autres dépendances, le tout, donnant un revenu annuel de cent vingt-cinq mille francs ! — Et pour couper court à de justes expressions de reconnaissance, il termina en disant : — A quoi servirait d'être riche, si ce n'était pour faire des heureux ? »

Deux mois après la scène que nous venons de raconter, l'église de Saint-Jacques du Haut-Pas avait revêtu sa plus magnifique parure de fête : des massifs d'arbustes ornaient son grand portail, un tapis couvrait, jusque dans la rue, les marches de son perron ; tous les lustres étaient allumés ; le maître-autel était transformé en une immense et gracieuse pyramide de fleurs, au milieu desquelles étincelait la flamme de centaines de bougies ; divers instruments de musique mêlaient leurs accords aux sons mélodieux du grand orgue et aux chants des premiers artistes ; une foule sympathique se pressait dans les nefs, trop étroites pour la contenir : c'était le mariage de Lucie Dutreckt avec le comte Georges de Liadières. — Lucie, toujours belle et ravissante, était plus belle et plus ravissante encore dans sa toilette de mariée, avec son grand voile de dentelle qui l'enveloppait tout entière, et sa robe de satin blanc à longue traîne, toute constellée de boutons et de fleurs d'oranger : elle s'avançait timidement et les yeux baissés, au bras du marquis de Menneville, qui avait, à son cou, la croix de commandeur de la Légion d'honneur. Venait ensuite le comte Georges de Liadières, dont chacun remarquait la noble prestance et la sympathique figure ; il avait, à son bras, la marquise de Menneville, plus admirée encore pour sa grâce et sa haute distinction, que pour la suprême élégance de ses vêtements. Puis une longue série d'amis, et de personnages appartenant aux rangs les plus élevés de la société.

A la suite de ce brillant cortège, marchait péniblement un vieillard difforme, le corps courbé, les deux bras convulsés en arrière ; quelques personnes disaient : — Voilà *Pottier!* le vieux serviteur de la Rocatelle. Elles se trompaient : c'était le père Bourasseau, du n° 310 de la rue Saint-Jacques, secouru par la Conférence de Saint-Vincent de Paul de la paroisse ; il y avait dix-huit mois, il ne faut pas l'oublier, que le marquis de Menneville, l'un des membres de cette Conférence, allant le visiter, avait, par une erreur involontaire, frappé à la porte de Lucie, au lieu de frapper à sa porte. Bourasseau était donc une des causes, il est vrai, inconscientes, du bonheur de Georges et de Lucie ; aussi le marquis avait voulu qu'il fût invité à leur mariage, que la Providence, dont les vues sont toujours admirables, avait fait dépendre D'UNE ERREUR DE PORTE !.....

Un an plus tard, c'était fête au château de la Rocatelle ; le comte et la comtesse de Liadières y recevaient le marquis et la marquise de Menneville, venus pour y être parrain et marraine d'un nouveau-né, d'un bel enfant, dont la naissance avait mis le comble au parfait bonheur des deux jeunes et charmants époux.

Paul Durand, le vieil et fidèle ami, était de la fête ; toujours gai, toujours en verve, il chanta, au retour de l'église, une romance qu'il avait composée pour la circonstance, et dont chaque couplet avait pour refrain :

> Marquis, je te l'avais bien dit,
> Qu'ils étaient-faits l'un pour l'autre.

FIN.

TABLE DES MATIÈRES

9806-87. — Corbeil. Typ. Crété.